The Book, Behind the Dune

Andrés Sánchez Robayna

The Book,
Behind the Dune

translated
from Spanish by
Louis Bourne

Shearsman Books

First published in the United Kingdom in 2017 by
Shearsman Books
50 Westons Hill Drive
Emersons Green
BRISTOL
BS16 7DF

Shearsman Books Ltd Registered Office
30–31 St. James Place, Mangotsfield, Bristol BS16 9JB
(this address not for correspondence)

www.shearsman.com

ISBN 978-1-84861-522-9

ACKNOWLEDGEMENTS
Originally published in Spain in 2002 by Pre-Textos, Valencia.

Cover image by Antoni Tàpies.

ANDRÉS SÁNCHEZ ROBAYNA

What do we expect nowadays from those who write, paint or compose music, or from those who revive tragedies from other centuries on the stage? Regarding the world's present state, that ship which is dislocated and perhaps ends up sinking, is it better for us to hear unceasingly, in texts and images, only the breaking apart and the cracking of the shipwreck, or is it better to face the storm? Now then, this determination can only be taken by those that keep in their memory the fundamental necessities of existence, its simplest aspirations, conscious that life always partakes of death but also of birth, always has despair but also resurrection. And so it is those few who should speak, in the same way that it is they whom it is essential to listen to. Without a shadow of doubt, it is necessary to announce the danger, foresee the coming disaster, but not with words of mere fright, uselessly repeated, but from the deep, still living, totality of the man and woman of our time, scared, confused, but continuing to be attached to daily existence on an earth that, even today, preserves the largest part of its mysterious beauty.

This voice, as much positive as negative, with even more positivity than negativity on being able to preserve the kindnesses of hope, constitutes, at least in poetry, the first, as well as the most difficult, of tasks to which those who write should devote themselves. And therefore the most authentic poets of this period of crisis may be those who separate themselves from the fascination that languages increasingly exercise—language in itself, owing to the fruitless games its signifiers allow—because they know that words only have reason for being and value by evoking a reality that transcends—with all their infinite and, at the same time, immediately perceptible, depth—the merely superficial signifieds that are the obligatory effect of conceptual thought. Poets, those that deserve this name, can, without any doubt, resort to images, even the most daring, gratuitous and disconnected ones, at a glance, from the evidence of the earthy site, be it in the desires and affections of the particular existence which is the only reality as well as a criterion for truth.

Great poetry not only goes beyond the mirages that never stop stirring up—darkening—the partial representations involved in our analytical languages, but they also go as directly as possible to the flower blooming, the daybreak dawning, the child playing, the misfortune striking, the joys that give strength.

For this reason, I am delighted to see this work by Andrés Sánchez Robayna translated into French.[1] I do not know much Spanish, but, yes, enough to have been able to appreciate from the first day, some time ago, now, that Andrés Sánchez Robayna feels comfortable in poetry, that he knows what 'the new time' expects of us which Rimbaud foresaw as 'very severe'; and this makes him one of those minds that both reflection as well as creation can count on in the debate that now, more than ever, sets poetry up against simple literature. I am delighted to be able to read *The Book, Behind the Dune* better, on having the original text at hand, and I even promise myself, one day not far off, to take advantage of this beautiful poem to reflect on poetry under the patronage that Sánchez Robayna himself has, moreover, wanted to present.

At the beginning of his work, he indeed quotes some verses by Wordsworth from his *Prelude*, one of the greatest works of Western poetry, one of those that help poetry lovers recognize themselves in it. And how better, perhaps, to understand what is poetically true and worthwhile in life than to listen with him to those words that remind us that we only have a place and destiny on earth in 'infinity', in the 'hope that can never die' and in this 'something evermore about to be', which is surely what poets of every century have been trying to reach, pledging their desire, their effort, their always frustrated and always recovered beliefs? Sánchez Robayna offers us a poem, but he also incites us to question the poetic in this century, and this double contribution in the same work is, in itself, a proof of its quality, timeliness and importance for us.

Yves Bonnefoy

(translated by Louis Bourne)

---

[1] This preface was originally written for the French translation.

whether we be young or old,
Our destiny, our being's heart and home,
Is with infinitude, and only there;
With hope it is, hope that can never die,
Effort, and expectation, and desire,
And something evermore about to be.

—W. W., *The Prelude*, VI, 603-608

To
M. and A.

NOTE

As much for its nature as for the demands of its theme (centred, in good part, on my formative years), *The Book, Behind the Dune* contains some quotations from various classical and modern texts. Because of their length and their unquestionable importance in the structure of one of the fundamental motifs of the poem, I only would like to mention here the quotation in fragment XI from Saint Augustine's *Confessions* (Eleventh Book, Chapter 27) in the well-known translation by Father Ribadeneyra.

A. S. R.
June 25th, 2001

NOTE TO THE SECOND EDITION

On the suggestion of some readers and friends, I have decided to include, under 'Notes', a fuller account of the quotations and main references the poem contains.

A. S. R.
February 26th, 2003

I

Ahora,
en la mañana oscura del desceñido octubre,
en que, umbroso y en calma, yace el mar
entregado a la pura aquiescencia del cielo,
al deslizarse de las nubes blancas
que un gris ya casi mineral golpea,
marmóreo, dilatado,
ahora,
mientras el tiempo gira
a punto de ser siempre alumbramiento,
sin dar a luz más que el instante cierto
y siempre tembloroso,
y damos vueltas en su vientre ciego,
y entrega solamente
un puñado de arena
que vemos escurrirse entre las manos,
mientras un niño juega,
después de echar los dados,
ahora,
sólo ahora,
el comienzo
comienza.

II

Todo comienzo es ilusorio.
Todo comienzo es sólo un enlazarse
del principio y del fin en la cadena
del tiempo, es el instante
en que creímos ver el nacimiento
y el nacimiento es sólo un acto
de lo incesantemente renacido

I

Now,
on the dark morning of October unleashed,
when the sea lies shady and calm,
delivered to sky's pure acquiescence,
on sliding down from the white clouds
that an almost mineral grey pounds,
marmoreal, extensive,
now,
while time turns
on the verge of always being illumination,
giving birth to nothing but the sure and always
trembling instant,
and we turn around in its blind womb,
and it delivers only
a handful of sand
we see slipping away in our hands,
while a boy plays,
after throwing dice,
now,
only now,
the beginning
begins.

II

Every beginning's deceptive.
Every beginning's only a linking
of beginning and end in the chain
of time: the instant
when we believed we saw birth
and birth as only an act
of what is unceasingly reborn—

—es decir, estas líneas semejan un comienzo
pero el comienzo surge a cada instante,
como la lluvia que esta tarde
vi caer sobre el mar
y esta tarde es tan sólo una tarde del tiempo que renace
en un eterno recomienzo
y la lluvia y la tarde se han hundido en el tiempo
en el que ruedan siempre las nubes agolpadas
sobre los mármoles celestes

y la línea inicial es un comienzo
y la línea final será un comienzo.

III

Allí, en aquella parte
del libro que se abre
de mi memoria, escucho
un rumor de arboledas, un barranco interpuesto
entre laderas altas en las que recorría
las piedras, las veredas,
la tarde en la que, solo, me alejé de la casa
y grabé en una piedra,
bajo los cielos cómplices,
la inicial de mi nombre
para dejar señal
del nombre y su secreto.

Y los cielos copiaban
el color de la tierra.

that is, these lines resemble a beginning
but the beginning springs up at every instant,
like the rain I saw
this afternoon falling over the sea,
and this afternoon's just an afternoon
in an eternal restarting of time
and rain and afternoon have sunk into the time
in which crowded clouds always roll
on celestial marbles

and the initial line is a beginning
and the final line will be another.

III

There, in that part
of the book opening
in my memory, I listen
to a rustling of groves, a cliff intervening
between high slopes on which I crossed
the stones, the paths,
the afternoon when, alone, I left the house
and etched on a stone,
beneath colluding skies,
the initial of my name
in order to leave the name's
sign and its secret.

And the skies copied
the colour of earth.

IV

Me seguía un perrillo
hambriento y fiel. Yo era
fiel también a sus pasos, y no sabría decir,
ahora, quién seguía
a quién. Y exploraba con mi hermana,
o con algún amigo, y muchas veces solo,
los pasajes del fuego sediento, el verano
en las bellas laderas, o los felices charcos
del otoño insular. En lo más alto
de los árboles hice un mirador
sobre la casa y sobre los caminos
que hasta ella llevaban, la camisa
manchada por el níspero de julio
y con tierra en las manos, descalzo
sobre la tierra húmeda y rojiza.

¿Podré decir, así, que el cielo
como manto allá arriba protegía
con su extendida claridad mis pasos?
Amada tierra de esplendor, cavé
desde entonces en ti, y en ti me acogerás.

V

Cada día, una página
del desplegado libro de la luz
se entregaba a mis ojos. ¡Fulgurante blancura
pisada por los pasos del niño que corría
sobre los médanos solares!
Luego, sobre la hierba, restañaban
las heridas manantes.

IV

A little dog followed me,
hungry and faithful. I, too, was
faithful to his steps, and wouldn't know
how to say now who followed
whom. And I explored with my sister,
or with some friend, and many times alone,
the thirsty fire's passages, the summer
on the lovely slopes, the island autumn's
glad puddles. In the trees'
highest perch I made a lookout
over the house and the roads
that led up to it, my shirt
stained by July loquats,
with dirt on my hands, barefoot
on the moist, reddish earth.

May I say, then, that the sky
like a cloak there above protected
my footsteps with its sprawling brilliance?
Beloved earth of splendour, I have dug
since then in you, and in you you'll welcome me.

V

Each day, a page
from the unfolded book of light
offered itself to my eyes. Radiant whiteness
trampled by the footsteps of a boy who ran
over solar sand dunes!
Later, on the grass, running
wounds stopped bleeding.

Oh renacida claridad,
aprendí pronto a amar, cerca de los naranjos,
la pedrería de la luz, el sol
cortado por las hojas en la hierba,
multiplicados soles diminutos
en el agua sencilla, en el estanque
y en las claras acequias. Aprendía.

VI

Los pies desnudos en la tierra, sobre
las uvas para el vino de noviembre,
sobre las piedras del barranco seco,
sobre la luz y su deshacimiento.

El pie dejaba
su huella por los mundos, se manchaba
con el limo solar. En las acequias
se lavaba tan sólo
para poder ser uno con el sol.

Pisaba el pie la luz.

El sol tenía
la anchura del pie humano.

VII

El rumor de los árboles
y su texto infinito se escribían
con negros caracteres en el ojo
del sol. Y desde allí,
en remolino prieto, resbalaban
cayendo en la mirada como una fundición

O reborn brightness,
I soon learned to love, near the orange trees,
the precious stones of light, the sun
sliced by blades in the grass,
tiny suns multiplied
in simple water, in the basin
and in clear water channels. I learned.

VI

Bare feet on earth, on
grapes for November wine,
on stones of the dry ravine,
on the light and its undoing.

The foot left
its print on worlds, stained
with solar slime. In the water channels
it was washed only
to be one with the sun.

The foot trod the light.

The sun had
the width of a human foot.

VII

The rustling of trees
and their infinite text were written
with black characters in the sun's
eye. And from there,
in a dark, tight swirl, they slipped
into my gaze like a melting

de oro y hojas exactas
sobre el punto del iris.

Oh desasida claridad,
echado sobre el césped contemplaba
la avalancha solar, el aluvión
suave de nuestra luz
abrazando los mundos. Yo habitaba
en las torres del sol.

VIII

¿Era Sirio o Capella, Vega o Pólux?

Cuántas veces la vi temblar, arriba,
tras las montañas que tomaba
la espesura nocturna, entre las hojas
vibrátiles de abril, o echado yo,
las manos en la nuca,
por la arena de agosto,
sobre la lenta duna que aún guardaba el calor,
y cuántas veces quise
penetrar por su nombre en el secreto
silabario del cielo,
y saber la palabra que escribían
las luminarias renacientes, claro
secreto escrito en el fulgor supremo,
en la curva estelar del cielo tembloroso.

IX

Rosa carnal del risco, oscuro nudo
de pétalos que abrazan los soles y las lunas

of gold and precise leaves
on the dot of the iris.

O brightness loosed,
stretched out on the grass, I pondered
the solar avalanche, our
light's soft flood
embracing worlds. I dwelled
in towers of the sun.

VIII

Was it Sirius or Capella, Vega or Pollux?

How many times I saw it tremble above,
behind the mountains, taking on
the thickness of night, among April's
quivering leaves. Or I stretched out,
hands beneath nape,
along the August sand,
on the sluggish dune still holding diurnal heat.
And how often, through
its name, I wanted to delve into the secret
syllabary of heaven,
and know the word written
by renascent lights, a bright
secret inscribed in the supreme glow,
in the trembling sky's stellar curve.

IX

Carnal cliff rose, dark knot
of petals hugging suns and moons

y los aires que soplan desde el mar atezado,
animal que reposa: mira pasar a un niño.

Tú que fuiste mirada y que gobiernas
las horas y los días y las noches
en lo invisible que renace, mira
a un niño abandonar tu paraje aterido.

Míralo despoblar tu reino absorto,
dejar tu compañía para siempre,
el grácil contubernio. Un niño deja
el exento país entre el gorrión y el góngaro.

X

Comenzaba a saber
(pero sólo del modo en que ignorarlo
es una forma de conocimiento)
que, al igual que el silencio
ha de ser una parte del decir, que al igual
que la visión del cielo
forma parte del cielo,
una nube interior, muy parecida
a la que fluye quieta en la mañana
hecha de transparencia entrecruzada,
se alza hasta la visión
de la nada que somos, y que es todo.
Y la visión humana
se llega a transformar en la experiencia
de esta nada que está en ninguna parte.
Es una nube. Sólo
años después sabría que su nombre,
entre otros nombres justos que la llaman
y el nombre conseguido de los nombres,

and breezes blowing from the bronzed sea,
animal in repose: behold a boy walking by.

You who were a gaze governing
hours, days and nights
in the invisible and reborn, behold
a boy abandoning your frozen spot.

Look at him leaving your entrancing kingdom,
forsaking your company forever,
the happy cohabitation. A boy leaves
the open country between sparrow and spike.

X

I began to know
(but only in the manner that not knowing
is a form of understanding)
that, just as silence
must be a part of speech, just as
the vision of heaven
forms part of it,
an inner cloud, so similar
to the one flowing quietly in the morning
made of interwoven transparence,
rises toward the vision
of the nothingness we are, that is everything.
And human vision
manages to be transformed into the experience
of this nothingness that is nowhere.
It's a cloud. Only
years later would I know its name,
among the other right names we call it
and the name obtained from all names,

es la nube clarísima
del no saber, la nube
interna del amor
y la contemplación. Es una nube
oscura y clara a un tiempo,
hecha de cegadora oscuridad.

Por este tiempo comencé a sentir
la sombra de esa nube
ante mí, precediendo
a menudo mis pasos,
y seguirla fue a veces
un acto de inocencia.
Era sólo una sombra, y ya sentía
su potestad, con todo.
Aquella nube, aquella
sombra del no saber era un saber.

XI

Pasado el tiempo de canicas,
felices correrías,
nueces y pajarillos y pelotas,
otro sol nos guiaba, y un crepúsculo largo
envolvió nuestros pasos primerizos
en la conciencia de la finitud.
Comenzamos a andar
en una noche incierta que se apropia
de los pasos humanos,
en una noche que también engendra
la memoria de sí y de lo pasado.
Memoria que atesoras
y nutres lo vivido:
naciste al mismo tiempo que la noche

is the brightest cloud
of unknowing, the inner
cloud of love
and contemplation. A dark
and bright cloud at the same time,
made from blinding darkness.

Around this moment, I began to feel
the shadow of that cloud
before me, often
preceding my footsteps,
and to follow it was, at times,
an act of innocence.
It was only a shadow, and already
I felt its power, nonetheless.
That cloud, that shadow of unknowing,
was a form of knowledge.

XI

Once the time of marbles passed,
happy forays,
walnuts, little birds and balls,
we were guided by another sun, and a long dusk
enveloped our first footsteps
in the consciousness of the finite.
We began to walk
in an uncertain night encroaching
on human footsteps,
in a night also engendering
the memory of itself and the past.
Memory treasuring
and nourishing the lived:
you were born at the same time as the night

en que andamos oscuros.
En ti mido los tiempos,
no quieras perturbarme, que es así,
ni quieras perturbarte a ti con turbas
de tu afección: en ti mido los tiempos.
Pues la afección que en ti produce
todo cuanto sucede
(y que, aunque haya pasado, permanece)
es la que de presente mido yo,
no las cosas aquellas que pasaron
y que la produjeron:
es ésta la que mido
cuando mido los tiempos.
Luego o ésta es el tiempo
o yo no mido el tiempo.

Y en qué noche
fueron a refugiarse las estampas,
los cuentos, las figuras recortables,
los arenales en los que veía
llegar la oscuridad en el verano
y adueñarse de cubos y castillos
de arena derrumbada, las gaviotas
y su escritura misteriosa sobre
los montículos húmedos, la sal
en el membrillo hundido y vuelto a hundir
en las aguas brillantes.
                    No lo que sucedió,
ni lo que lo produjo:
la afección,
lo que en ti permanece, es lo que mido.

in which we darkly walk.
It is in you that I measure the periods of time.
Do not shout me down that it exists;
do not overwhelm yourself with floods
of your impressions: in you
I measure the periods of time.
I measure as time present the impression
things make on you as they pass by and what
remains after they have passed—I do not measure
the things themselves that have passed by
and left their impression on you.
This is what I measure
when measuring periods of time.
Then either these are the periods
or else I do not measure time at all.

And in what night
did the illustrations take refuge,
the stories, the cutout figures,
the sandy stretches in which I saw
darkness arrive in summer
to take over pails and castles
of collapsed sand, gulls
and their mysterious writing
on wet mounds, the salt
sunk in quince jelly, then sinking again
into sparkling waters.
                        Not what happened,
nor what produced it:
the impression,
what remains in you, is what I measure.

XII

Es la lectura sorda y apagada
en el aula espaciosa
bajo la tarde gris.

Las palabras radiantes,
y las oscuras
y las que se escribían
en el papel pautado
ante la porcelana.

Palabras descubiertas,
lluvia, coro infantil, timbre sonoro,
que desde su distancia me vislumbran
bajo las letras grandes:
hoy me miran de lejos
igual que el niño aquel que las leía
en la clase. Ellas saben
más que yo y me contemplan
desde su lejanía: somos siempre
su extensión y su ser, monotonía
y lluvia y colegiales.

XIII

En el ojo del tiempo,
en el círculo ciego
de la edad sepultada,
un dibujo se forma y se transforma
sin fin sobre el papel de lo visible
y lo invisible. Míralo
aparecer de nuevo
en un día cualquiera del colegio, aquel día

XII

It's the subdued, silent reading
in the spacious classroom
beneath the grey afternoon.

The radiant words,
and the dark ones
and those that were written
on lined paper
facing the porcelain.

Words discovered,
rain, the children's choir, the ringing bell,
from their distance, glimpsing at me
beneath the large letters:
today they watch me from far off
like that boy who read them
in class. They know
more than me and ponder me
from their distance: we are forever
their extension and being, monotony
and rain and school children.

XIII

In time's eye,
in the blind circle
of buried age,
a drawing is endlessly formed
and transformed on the paper of the visible
and invisible. Look at it
appearing again
on any old day at school, that day

en el que, como rayo
puro y vertiginoso
sobre el ojo infantil,
apareció desnudo el trazo,
el color indiviso
que dice el mundo
y el esmalte que bebe
los colores del mundo
(los bordes cristalinos en el rojo sanguíneo,
la tersura del verde, la irradiación del negro:
toda la luz del negro entonces aprendida),
el dibujo que cifra
en sus límites limpios las figuras
del tiempo y las detiene
en el ápice mismo en que son para siempre,
un instante preciso
de eternidad, imagen de los mundos.

El trazo y el contorno
y el calor del dibujo
en que un niño bebía
los colores del mundo
aquí están, inviolado
color del tiempo y de los seres.
En sus trazos exactos
bebo el temblor del cielo,
el aleteo mínimo del óxido
en la piel luminosa
de lo existente y de los existentes,
el dibujo del tiempo.

when, like a pure
and dizzy beam
on the child's eye,
naked, the stroke appeared,
the indivisible colour
spoken by the world
and the enamel that drinks
the world's colours
(the crystalline borders in blood red,
the smoothness of green, black's radiation:
all black's light then learned),
the drawing that places
in its clean limits time's
figures and holds them
in the apex itself where they always are,
a precise instant
of eternity, an image of worlds.

Stroke and contour
and warmth of the drawing
in which a child drank in
the world's colours,
here they are, inviolate
tint of time and beings.
In their exact strokes,
I drink the trembling of sky,
the tiny fluttering of oxide
on the luminous skin
of existent and existing beings,
the sketch of time.

XIV

Como una melodía que fuera apoderándose
de todo movimiento,
de la quietud y el vértigo
de cuanto adviene y sigue sucediendo
de eternidad a instante
sin transición de instante a eternidad

como en la madrugada el oleaje
que avanza o se retira entre guijarros
en la desolación de lo no contemplado
o en la contemplación al alba sucia
entre restos de oscuridad rasgada
pero sonando siempre,
sonando siempre contra el sol perpetuo,

yo escuchaba la música del mundo, el sol llega hasta aquí,

el sol llega hasta aquí,
el sol llega hasta aquí.

XV

Poco a poco llegaban las noticias
(pautadas por la sandia estolidez
y los lápices rojos del burócrata)
del mes en que, en París, los estudiantes
y los obreros se precipitaron
a las calles, tomaron la ciudad
y con airados lemas y proclamas
afirmaron a un tiempo queja y júbilo,
nuevo mundo amoroso, alegre alianza
de rebeldía, de pasión, de fe.

XIV

Like a melody taking hold
of every movement,
of the stillness and vertigo
of all that's coming and keeps happening
from eternity to instant
with no transition from instant to eternity

as, in early morning, the surf
rolls in or ebbs among pebbles
in the desolation of what's not beheld
or in the beholding of dirty dawn
among debris of torn darkness
but rumbling always,
always rumbling against the everlasting sun,

I listened to the world's music, here comes the sun,

here comes the sun,
sun, sun, sun, here it comes.

XV

Little by little the news arrived
(ruled by the bureaucrat's
foolish obtuseness and red pencils)
of the month when, in Paris, students
and workers rushed down
to the streets, took the city
and, with angry slogans and proclamations,
backed protest and jubilance at the same time,
a new amorous world, a merry alliance
of rebellion, passion and faith.

Pero yo, con tan sólo quince años,
de las noticias que un pequeño grupo
de amigos del colegio comentábamos
en las horas de asueto, allá en la plaza
junto a la Catedral y sus palmeras,
poco podía comprender: los signos
de rebelión ya me eran muy amados,
pero esos signos sólo son la máscara
de la Historia que, rota, se renueva
en cada ser humano y su aventura.
Yo no sabía aún de los errores
de recomposición de aquella máscara,
ni de espejismos ni de desengaños.

Sin embargo, en aquel pequeño grupo
se hablaba de muchachos españoles,
de algunos estudiantes
nuestros allá, como si las astillas
del nuevo sol llegaran a nosotros.
¡Estudiantes audaces, calles y bulevares
de París, evocados
en la pequeña plaza colonial,
bajo la henchida furia de la luz oceánica!
Este recuerdo me atenaza, estáis,
antes de todo engaño y todo error,
aún palpitando sobre mi memoria.
Pero para mí mismo sois secreto.

XVI

Miré hacia arriba una vez más, al alto
esplendor de la cúpula nocturna.
En el cielo estrellado titilaba

But I, just fifteen years old,
could little understand the news
that a small group of us high school
friends commented on in hours
off, there in the square beside
the Cathedral and its palm trees,
little could I understand: signs
of rebellion were already much loved by me,
but those signs are only the mask
of History, broken and renewing itself
in each human being and his adventure.
I still knew nothing about the mistakes
made recomposing that mask,
nor about illusions and disappointments.

Yet, in that small group,
Spanish youths were mentioned,
some students of ours
there, as though the new
sun's splinters had reached us.
Bold students, streets and Paris
boulevards, evoked
in a little colonial square
beneath the oceanic light's swollen fury!
This memory grips me, all of you,
before each and every deceit and error,
are still throbbing in my recollection.
But for me you are also a secret.

XVI

I looked up once more at the night
dome's towering splendour.
In the starry sky, Canis Major

el Can Mayor, y mi hálito se unía
al de la noche. En la figura vi
una presencia fiel, a la que pude
confiarme y hablar en el silencio,
decir y ver y ser, puestos los ojos
en los predios del cielo carbonoso.

XVII

Una tarde,
de vuelta del colegio, un compañero,
inteligente y hosco, y a quien todos
veían muy oscuro y enigmático,
puso un libro en mis manos. Y eran versos
(no los primeros, pero sí
los que llegaron en conciencia pura)
que leí y releí como adherido,
de pronto, al ser. Y el ser estaba unido
al mundo, se diría,
sólo por un ramaje en la pared
de un abismo, un ramaje que agarraba
con firmeza, unas ramas salvadoras.
Y no gritaba, sino que decía
y decía y decía, sólo eso,
piedra prístina y última, infundada ventura,
pura yema infantil
innumerable, madre,
y yo supe de pronto que el lenguaje
era el nombre de aquellas ramas vivas,
el otro nombre de la salvación
encima del abismo, una llamada
oscura. Y quise sólo, entonces,
escuchar esa lengua, despertarla
en el silencio del abismo fijo.

twinkled, and my breath blended
with the night's. In the figure, I saw
a faithful presence, one I could
confide in, and speak to in silence,
say, see and be, my eyes fixed
on the coal-black sky's estates.

XVII

One afternoon,
back from school, a schoolmate,
gruff and intelligent, whom everyone
saw as dark and enigmatic,
thrust a book into my hands. They were verses
(not the first, but surely,
those that arrived in pure conscience)
that I read and reread as though suddenly
stuck to being. And being was bound
to the world, you would say,
only by branches on the wall
of an abyss, a branchery that tightly
clung, some saving branches.
And it didn't shout, but spoke
and spoke and spoke, just that,
pristine and final stone, unfounded fortune,
pure, infant, innumerable
bud, mother,
and suddenly I knew that language
was the name of those living branches,
the other name for salvation
above the abyss, a dark
call. And then I only wanted
to listen to that tongue, to wake it
in the silence of the sure abyss.

Y, así, la noche,
el autobús que me llevaba a casa,
las palabras que vi como tomadas
por manos que sangraban, empezaron
a incendiarse en mi boca.

XVIII

Lo que escuché, ¿fue sólo
un temblor del alvéolo, un puro viento bronco
en la lengua? ¿Un rasguño
sobre la piel, la herida que confunde?

¿Fue acaso la engañosa
desgarradura, el daño en el orgullo,
la vanidosa contusión,
la presunción del eco y del oírse?

Fue el tormento, el lenguaje que decía
el dolor y el enigma y, en lo oscuro,
la noche matinal, la claridad,
el rayo de tiniebla sobre el mundo.

XIX

Oh logro de la noche, lengua que pronunciaste
la brasa viva del tormento, el soplo,
sobre el silencio que no existe,
del ser que existe y su sollozo.

Es mío ese sollozo, mía la noche
de la memoria en que te oí, salvada,
mío el tormento aquel. Vuelvo a escucharlo,
bajo la luz sombría, esta mañana.

And so the night,
the bus taking me home,
the words I saw as though taken
by hands that were bleeding, began
to flame in my mouth.

XVIII

What I listened to, was it only
a lung cell trembling, a pure, coarse wind
on the tongue? A scratch
on the skin, the confusing wound?

Was it, perhaps, the deceiving
laceration, the damage to pride,
the conceited bruise, the presumption
of hearing oneself, one's echo?

It was anguish, the language that spoke
pain and enigma and, in the dark,
the early morning night, the clear radiance,
the beam of gloom on earth.

XIX

O achievement of night, language, you uttered
anguish's live ember, the breath
on non-existent silence
of existing being and its sob.

That sob's mine, mine the night
in memory when I heard you, saved,
mine that anguish. I hear it again,
this morning, beneath the shadowy light.

XX

Yo la inventaba, en la visión del alba.

Habitaba mis ojos
y mis ávidas manos.
Renacía.
Ni siquiera en el sueño
pudo desvanecerse. Más aún: en el sueño
ganaba realidad, y presencia y figura.

Obstinación solar:
un sol perpetuo
en el trono del día.

Y asomaba
para siempre en la luz de la mañana límpida.

Una mujer andaba ante el volcán,
secreto el sexo,
la cintura clarísima.
Iba por la terraza o se paraba
junto a la barandilla,
en el balcón
que daba al mar. Al fondo,
el volcán reposaba.
La mujer ofrecía
sus hombros y su rostro
al abrazo solar,
un rayo mismo
su cuerpo. Atravesaba
la luz, rompía el ciego
celaje. ¡Resplandor
de la grupa entrevista,
de los pechos erguidos

XX

I invented her, in the vision of dawn.

She inhabited my eyes
and my greedy hands.
She was reborn.
Not even in sleep
could she vanish. Still more: in sleep
she gained reality, presence and figure.

Solar stubbornness:
an everlasting sun
on the throne of day.

And she loomed
forever in the limpid light of morning.

A woman was walking in front of a volcano,
her sex secret,
her waist so bright.
She walked around the terrace or stopped
beside the railing,
on the balcony
facing the sea. Behind her,
the volcano rested.
The woman offered
her shoulders and face
to the sun's embrace,
her body
a sunbeam itself. She crossed
the light, broke the blind
cloudscape. Radiance
of a rump half-seen,
of breasts raised

hacia el claro horizonte
de mis ojos, del pubis
oscuro al mediodía!

XXI

En mi interior volví a mirar la nube
del no saber. Cruzaba bajo un cielo
violáceo, de callado resplandor
y de quietud extrema. Y no sabía
si callaba, o más bien me regalaba
su silencio, pues en aquel silencio
palpitaba una forma de lenguaje.
Y aprendí que el silencio que decía
es la expresión perfecta de su nada.

XXII

Poco tiempo después, en un cuarto de hotel,
avanzada la noche,
un libro habló, sin término,
del oscuro rumor, de la llamada,
de su principio y de su fin. Con sílabas
que quemaban decía
que en una Delhi fétida una higuera
hacía comer en una de sus hojas
a la ciudad las sobras de los dioses.
Acodado al balcón,
un hombre contemplaba
juntos la podredumbre y el fulgor
bajo el polvo que llueve
desde hace siglos, mientras
—grávida la mirada,

to my eyes'
bright horizon, dark
pubis at noon!

XXI

I looked again inside myself at the cloud
of unknowing. It crossed beneath a violet
sky of hushed radiance
and extreme stillness. And I didn't know
if it was silent, or if it gave me
its silence, for in that silence
a form of language throbbed.
I learned that the silence which spoke
is the perfect expression of its nothingness.

XXII

A short while later, in a hotel room,
night drawn on,
a book spoke endlessly
of a dark rumour, the call,
its beginning and end. With scorching
syllables it said,
in a fetid Delhi, a fig tree
made the city, in one of its leaves,
eat the leftovers of gods.
Elbow on balcony,
a man mused
on both poverty and radiance
beneath the dust
raining down for centuries, while—
weighty his gaze,

sin peso lo mirado—,
abrazado al instante
inasible y plantado, se veía
sostenido en las manos
del tiempo incandescente.

Yo leía y leía.
Y en aquella lectura
el tiempo regresaba
hasta un dónde enterrado
y hasta un tiempo sin tiempo.
En lo oscuro, la lámpara
de aquel cuarto de hotel
custodiaba tan sólo
un instante que ardía,
granada repentina, y se anulaba.
Y todo era lectura.
Yo mismo era leído por el tiempo.

Por la ventana vi llegar entonces
el alba silenciosa.

XXIII

Muchas noches salía de mi cuarto,
y me alejaba, por desiertas calles,
hasta las huertas próximas,
en las afueras, o hasta un prado húmedo
que en la paz de la noche se extendía
bajo el manto lunar. Y muchas veces
no quise otro refugio
que aquella paz para pensar qué rumbo
dar a mis pasos, qué callada espera
me envolvería aún hasta encontrarte,

weightless what's seen—
hugging the instant
ungraspable and planted, he saw
himself held in time's
incandescent hands.

I read and read.
And in that reading,
time went back
to a buried *where*
and a timeless time.
In the dark, the lamp
of that hotel room
only watched over
a blazing instant,
a sudden pomegranate, and it disappeared.
Everything was a reading.
I myself was read by time.

Then, through the window, I saw the silent dawn
breaking.

XXIII

Many nights I left my room,
and went off on deserted streets
toward the nearby gardens
on the outskirts, or as far as the moist meadow
spread out in the peace of night
beneath a lunar cloak. And many times
I wanted no other refuge
than that peace to ponder what course
to give my steps, what silent waiting
would involve me till I found you,

qué flujo respirar
por ti, para que tú
llegaras, y que el día
te presintiese como yo
bajo la tibia luz entrecruzada.

Y la noche, extendida
como se extiende el prado
bajo el cerco lunar, con su cadena
de espera y de presagio me aprehendía
en la angustia que ciñen estrellas desoladas.

XXIV

Recostado en la hierba, una luna de hilo,
colgada entre los nudos estelares,
me acompañaba. El prado
de oscura luz me asía.

La desplegada savia de la noche
se ahondaba como sangre. ¡Y en mis venas,
red negra, se espejaban el llanto y los latidos
de estrellas y de párpados en el cielo pletórico!

XXV

Llegué a una ciudad nueva,
bajo otros cielos, húmeda
ceniza. La ciudad eran las calles,
los parques y los pasos pensativos,
los rostros incesantes
del solitario y de la multitud,
pero también una edad nueva,

what fluid breathing
for you, so you
would arrive, and the day
would surmise you like myself
beneath warm, interwoven light.

And night, spread out
as the meadow spreads
beneath the moon's siege, with its waiting
chain and foreboding, caught me
in the anguish girded by the desolate stars.

XXIV

Ensconced in the grass, a thread of moon
hanging among starry knots
kept me company. The meadow's
dark light seized me.

Night's spreading sap
felt deep as blood. And in my veins,
a black net, tears and heartbeats of stars
and eyelids sparkled in the copious sky!

XXV

I arrived in a new city,
under different skies of wet ash.
The city was the streets,
parks and pensive footsteps,
unceasing faces
of the lonely person and the crowd,
but also a new age,

la edad de la conciencia
de una nueva extensión:
la vastedad,
sin ser conciencia aún de un nuevo tiempo,
de un nuevo territorio que se abría
tendido ante los ojos.
Yo llegaba hasta allí
para estudiar, y al cabo iba a ser más
lo aprendido que lo que procuraba
estudiar, comprender. Y comprendí
ante todo una tierra. Y aprendía
la conciencia del otro y de los otros
de mi ser, en la edad
del otro y de lo otro
y también de mí mismo,
de mi otro y de mis otros,

                                y era otoño,
y eran las calles nuevas,
parques, casas,
pasos perdidos, era Barcelona,
i ta joventut
dins la meva mirada
i la meva abraçada!

        XXVI

Es octubre, hace frío,
es la nueva ciudad por cuyas calles
iba por vez primera, esbeltos plátanos
y chaflanes y ramblas y autobuses
vertiginosos que desplazan hojas
de otoño, levantadas
y arrastradas, miradlas, son iguales
a las generaciones de los hombres,

the age of consciousness
of a new expanse:
vastness,
not yet conscious of a new time,
a new territory opening,
spread out before my eyes.
I arrived there to study,
and, in the end, it was going to be more
what I learned than what I was trying
to study and understand. Above all,
I understood a land. Learned the other
and others' consciousness
of my being, at the age
of the other and otherness,
the age of my selfhood as well,
of my other and my others,
                              and it was autumn,
and the streets were new,
parks, houses,
lost footsteps, it was Barcelona,
i ta joventut
dins la meva mirada
i la meva abraçada!

XXVI

It's October, it's cold,
it's the new city whose streets
I walked through for the first time, slender plane trees
and corner houses, boulevards and dizzy
buses scattering autumn
leaves, uplifted
and blown along, watch them, they're the same
as generations of men,

es el viento que corre en la ciudad
al alba, y es el patio
de la Universidad y son los árboles
con los que dialogaba en la mañana,
y es el brazo maestro
que conduce, y se para
en mis hombros, y dice,
apoyado en la airosa
columna matinal:
¿le ha gustado, podría
venir a visitarme?, y es acaso
el diálogo infinito que sostienen
en un atrio de Atenas el maestro
modelador y su tenaz discípulo,
politeia y paideia en un abrazo
por encima de suelos y de siglos,
y es la fragilidad y es la indefensa
mirada de un muchacho
para quien desear y conocer
se cruzaban, y no sabía aún
que eran la misma cosa
regida por el viento del deseo,
el mismo que llegaba desde el mar
hasta el cuerpo, inclinado
bajo la fija lámpara estudiosa,
el deseo del ser,
y es la nueva ciudad
y son los pasos inseguros
y es octubre y empieza a hacer ya frío
y el viento agita la hojarasca.

it's the wind running through the city
at dawn, and it's the University
courtyard and they're the trees
I conversed with in the morning,
and it's the magisterial arm
leading and stopping, resting
on my shoulders, and saying,
leaning on the proud
morning column:
'Did you like it, could you
come and visit me?', and it's maybe
the endless dialogue that, in an Athens
atrium, supports the modeling
teacher and his tenacious pupil,
politeia and paideia in an embrace
above grounds and centuries,
it's the fragility and defenseless
gaze of a boy
for whom desiring and knowing
crisscrossed, and he still didn't know
they were the same thing
ruled by the wind of desire,
the same one that came from sea
to body, hunched
beneath the steady, studious lamp,
the desire of being,
and it's the new city,
they're the uncertain steps
and it's October and now it's beginning to be cold
and the wind's stirring the dead leaves.

XXVII

El tiempo, en la distancia y la afección,
se encoge y se dilata. En la presencia,
parece ir con nosotros, oh textura
del tiempo que se enhebra con instantes.

Tejido ser de tiempo, trenza ahora
el tenue velo del instante
de transparencia y tráelo
en tus hilos hialinos.

XXVIII

Subí hasta un cuarto
inverosímil, lleno de periódicos viejos
y mecedoras desfondadas.
En la pared, grabados polvorientos
y un retrato del mago
transformista, en quien él
vio al poeta en su pura
identidad en movimiento.
¡Metamorfosis invisibles
y mutación del ser
en el asombro, y el asombro
en el ser, giratoria
rueda sin fin, que hasta la muerte misma
dudará a quién llevar, cómo apresarlo!
Y aquel poeta estaba
presentando sus quince
pantomimas, y objetos
posibles más allá de lo imposible,
lo imposible posible que se encarna
en un tangible enigma,

XXVII

Time, in distance and affection,
contracts and expands. In presence,
it seems to accompany us, O texture
of time threaded with instants.

Woven being of time, braid now
the instant's tenuous veil
with transparence and bring it
in your glassy threads.

XXVIII

I climbed upstairs to an unbelievable
room, full of old newspapers
and rocking chairs with broken seats.
On the wall, dusty engravings
and a portrait of the quick-change
magician, in whom he
saw the poet in his pure
identity in movement.
Invisible metamorphoses,
and mutation of being in astonishment,
and astonishment in being,
wheel turning without end,
so even death herself
will doubt who to take, how to seize him!
And that poet was
presenting his fifteen pantomimes,
and possible objects
beyond the impossible,
the impossible possible embodied
in a tangible enigma

y dijo que la vida no será
ya más que vida cotidiana.
Y de su mano me llevó hasta el alto
verbo secreto que es
el más abierto verbo
de todos sin dejar de ser secreto:
compartido, entregado.

Ved ahora al poeta
en la constelación legisladora,
a quien, en forma humana,
y habitado por el lenguaje,
tiró los dados
y abrió los libros.
En el sumario astral dejaba escrita
su estela luminosa.

XXIX

El tiempo se apodera
de tu rostro y tus manos como niebla
o nube detenida en una tarde
olvidada, en lo eterno.

Pero esa tarde vuelve
como imposible olvido. Sí, tú olvidas,
pero el tiempo no olvida.
Y regresa en el aire del olvido infinito.

XXX

Era ya junio, y el calor tomaba
mi cuarto de estudiante. Un oleaje

and he said that life will now
be no more than daily life.
And he took me by the hand
to the high secret word,
the most open one
of all without ceasing to be secret,
shared and offered.

Look now at the poet
in the legislative constellation.
In human form,
inhabited by language,
he cast the dice
and opened the books.
In the starry summary he left written
his luminous wake.

XXIX

Time takes possession
of your face and your hands like mist
or a cloud detained on a forgotten
afternoon in the eternal.

But that afternoon it comes back
like impossible forgetfulness. Yes, you forget,
though time never does.
It returns in the air of infinite oblivion.

XXX

Then it was June. The heat took over
my student room. An invisible

invisible anegaba el aire claro
y lo inmovilizaba. Yo leía
o reposaba, o me asomaba absorto
a la ventana abierta para ver
llegar la noche. El torso descubierto
a la piel de la noche se juntaba
en la humedad sin brisa, y era parte
de lo oscuro y del manto que cubría
la ciudad. Y nacía así el deseo.
El deseo del ser y de los seres
en combustión, lo mismo que el abrazo
de la piel y la noche, ¿es una forma
de posesión y de perpetuación,
pequeños soles en las manos, luz
que renace aun en medio de lo negro?
¿No era también el modo de absorber
el flujo que se alzaba de la noche,
la clara opacidad, la luz oscura?
El cuerpo se adhería así a la noche
bajo el calor, y en la ventana abierta
la piel cálida, así, se estremecía.
Era el abrazo del deseo. Entraba
en el espacio azul de la pletórica
estrella que se expande, en el influjo
del astro que en su círculo giraba.

Una de aquellas noches escuché,
de súbito, una música: era el eco,
en lo eterno, de toda posesión.
¡Sonidos de la estrella, tubulares
campanas, sola estrella sobre el filo
del tiempo que alumbraba aquel instante
y allí mismo giraba, y gira siempre
hasta el aquietamiento del deseo!

surf drowned the clear air
and left it motionless. I read,
rested, or, absorbed, leaned out
of the open window to watch
night arrive. My naked torso
joined the night's skin
in humidity, no breeze, to become part
of the dark cloak covering
the city. And so desire was born.
The desire of being and of beings
in combustion, like the embrace
of skin and night: is it a form
of possession and perpetuation,
little suns in your hands, light
reborn even in the midst of blackness?
Wasn't it also a way of absorbing
the flow rising up from night,
the clear opaqueness, the dark light?
So the body adhered to night
beneath the heat and, in the open window,
the hot skin shivered.
It was desire's embrace entering
the abundant, expanding star's
blue space, the planet's
influence wheeling in its circle.

One night I suddenly heard
a strain of music: the echo,
in the eternal, of every possession.
Sounds from the star, tubular
bells, a single star on the edge
of time that lit up that instant
and right there it turned, always turns
till the appeasement of desire!

XXXI

Y cada noche se formaba, lenta,
en el temblor del cielo, una escritura.
Noche nutriente, noche bebediza,
oscuridad de sorbos estelares
en la contemplación. Y consumía
y bebía aquel libro, aquellas letras,
hasta llegar, absorto, al cielo negro
y alcanzar el relámpago amarillo.

XXXII

Ocre, naranja, rojo sobre rojo.
Sangre. Venas abiertas sobre el cuadro.
El cuadro era ya gris, oscuro. *Brown
and Grey, Black on Grey.*

En mi cuarto, un cartel me conducía
a la nube a la que el pintor llevaba
los mundos, suspendidos. Nube
del no saber, envuélvenos, abrázanos.

XXXIII

Y vuelvo a preguntarme por los giros del tiempo,
por sus cercos tenaces, como la luz de un faro
que arroja sobre el mar, fugaz e intermitente,
los dispersos destellos, allá fija en su torre,
y aunque a veces parece detenerse,
nada en verdad alumbra
salvo su propia luz altiva,
pues su ser es tan sólo el movimiento,

XXXI

And each night, in the sky's trembling,
a writing slowly took shape.
Nourishing night, drinking night,
darkness of starry gulps
in contemplation. And he consumed,
drank that book, those letters,
till, engrossed, he arrived in the black sky
and reached the yellow lightning.

XXXII

Ochre, orange, red on red.
Blood. Veins open on the canvas.
The painting was now grey, dark. *Brown
and Grey, Black on Grey.*

In my room, a poster led me
to the cloud to which the painter brought
worlds suspended. Cloud
of unknowing, envelop and embrace us.

XXXIII

And again I ask myself about time's turns,
about its stubborn sieges, like a light house beam
hurling over the sea, fleeting and intermittent,
the scattered flashes, fixed there in its tower,
and though at times it seems to stop,
nothing does it really light up
except its own proud light,
for its being is only the movement.

y no permite ver, sino ser vista
ella misma, ella sola en su altivez
sobre la piel oscura de las aguas.
Así el tiempo, me digo, lo que en él permanece,
no la sustancia, la afección, semeja
esa torre, esos giros, sus destellos efímeros
sobre los hoscos cercos de un mar negro.

XXXIV

Iba, con dos amigos,
por una tierra nueva,
era enero, queríamos
habitar el enigma que se abría
hacia el norte, una tierra
de murales y códices
y húmedos monasterios abrazados
por el atardecer, envueltos
en la niebla de imágenes
convocadas, predelas, capiteles,
el Pantocrator calmo y avizor
en el ábside estático,
la piedra de los siglos.
El cielo era de bronce,
y no nos entregaba luz alguna.
Llegamos hasta un pueblo
sin nadie, y que creímos
desierto en la mañana
sombría. El frío cortaba
el aire endurecido,
aceraba los rostros.
Desde allí contemplamos la extensión
de los campos helados,
el horizonte yerto.

It doesn't allow seeing, but only to be seen
itself, alone in its pride
on the waters' dark skin.
So time, I tell myself, what lasts in it,
not the substance, the impression, resembles
that tower, those turns, their ephemeral flashes
over a black sea's sullen sieges.

XXXIV

I went along with two friends
over a new land.
It was January and we wanted
to inhabit the enigma opening
to the north, a land
of murals and codices
and damp monasteries embraced
by dusk, wrapped
in the mist of images
convened, altarpiece platforms, capitals,
the Pantocrator calm and vigilant
in the static apse,
the stone of centuries.
The sky was made of bronze
and offered us no light.
We arrived at a village
with no one, which we thought
was deserted in the shadowy
morning. The cold cut through
the hardened air,
steeled our faces.
From there we gazed at the frozen
fields' expanse,
the lifeless horizon.

De pronto, reparé
en las hojas humildes
de un hierbajo entre piedras.
A nuestros pies estaba
la desnudez del mundo,
la pobre floración que se entregaba
al frío, al ser, al ojo
en que giran las sombras
del astro. Y la mañana
le entregaba su luz
de majestad y pobreza. Entonces vi
precipitarse el cielo
en la hierba y la piedra.

XXXV

En el curso mudable de los días
un lenguaje de sílabas secretas
se formaba, una trama, una red negra.
Un libro, no visible, iba escribiéndose.
El niño que trazó en la piedra un nombre
y recorrió los médanos solares,
el muchacho que vio el inmenso cerco
de la luna de abril sobre los prados,
el que inventó en la luz la llama viva
y la vio en la mañana diamantina,
sabrá también del mal, del hosco viento
de destrucción, de muerte. Verá arder
el tiempo en el crepúsculo espacioso
de una ciudad, al norte, escuchará
una canción de póstuma belleza,
viajará hasta las aguas estuosas,
y llorará, verá caer un pétalo

Suddenly I noticed
the humble blades
of a weedy grass among stones.
At our feet was
the world's nakedness,
the poor bloom offering itself
to the cold, to existence, to the eye
in which a star's shadows
turned. And morning
offered its light
of majesty and poverty. Then I saw
the sky hurtle down
among grass and stone.

XXXV

In the mutable course of days,
a language of secret syllables
was taking shape, a plot, a black net.
A book, unseen, was being written.
The child who traced a name in stone
and crossed the solar sandbanks,
the boy who saw the April moon's
huge halo hang over the meadows,
who invented in the light the living flame
and saw it in the diamond morning,
will also know evil, destruction
and death's grim wind. He will see
time blaze in a city's spacious
twilight to the north, listen
to a song of posthumous beauty,
travel to the scorching waters,
and he'll weep, seeing a petal fall

en la mañana oscura. En las arenas
verá su rastro. Y mirará las nubes.

Verá formarse el libro, tras la duna.

XXXVI

Un día
—era una tarde de tormenta, creo,
en el momento
de calma entre dos trombas—, me acerqué
hasta unas aulas universitarias
para ver, compartir unas imágenes
de secreto prestigio,
un documento que me obsesionaba
hacía tiempo, y que sólo
raramente podía verse entonces.
En el salón medio vacío vi,
mudo, sobrecogido por la angustia,
Nuit et brouillard, espanto y sobresalto,
montañas de cadáveres y huesos,
gélidas alambradas, altavoces,
restos del exterminio y el dolor
en campos devastados, barracones
tomados por el frío. Las imágenes
ardían en los ojos. Y de pronto,
cuando el filme acabó, cuando el horror
se apoderó de todos y el silencio
gobernaba el salón, un hombre alto,
menos viejo que lo que las imágenes
nos hacían creer, fue presentado
brevemente. Y habló. Dijo que estuvo
en Mauthausen. Que lo que habíamos visto,
con no ser todo, era tan sólo

in the dark morning. He'll see his trail
in the sands. He'll look at the clouds.

He'll see the book take shape, behind the dune.

XXXVI

One day—
a stormy afternoon, I think,
at the moment
of calm between two downpours—I approached
the university classrooms
to see and share some images
of secret prestige,
a document that for a longtime
had me obsessed, and that could
only rarely be seen then.
In the half-empty hall I saw,
hushed, seized with anguish,
Nuit et brouillard, shock and surprise,
mountains of corpses and bones,
frozen barbed-wire fencing, loudspeakers,
extermination's remains and pain
in devastated camps, barracks
overcome with cold. The images
burned in my eyes. And suddenly,
when the film finished, when the horror
took hold of us and silence
ruled the hall, a tall man,
not as old as what the images
made us believe, was briefly
introduced. And he spoke. He said he was
in Mauthausen, that what we had seen,
though not all, was only

la faz visible del horror. Que tras
aquello se ocultaba otro horror, un horror
que, en realidad, no puede
decirse: ese decir
está acaso en el límite imposible
del decir. Y calló. Volvió el silencio.

Nos fuimos. Ya en la calle,
me pareció escuchar como un rumor.

Era el sordo rumor de lo innombrado
bajo el silencio atroz del cielo ciego.

XXXVII

Los nuevos prisioneros tuvieron que trepar
por sobre las cabezas de los muertos.

Estaban ya desnudos.
Tuvieron que subir hasta donde decían
los soldados que habían disparado hacía poco a los otros.

Una esbelta muchacha de pelo negro
declaró que tenía veintitrés años.
Y una anciana de pelo blanco
acunaba en sus brazos a un niño al que cantaba
con dulzura. Y un hombre
llevaba de la mano a su hijo
y acariciaba su cabeza
y señalaba el cielo.

Todos debían detenerse exactamente
en el punto indicado de la fosa.

horror's visible face. Behind
that hid another horror, a horror
which, in truth, cannot
be said: that saying is
perhaps at the impossible limit
of speech. And he stopped. Silence returned.

We left. Then, in the street,
I seemed to hear something like a murmur.

It was the mute murmur of what's unnamed
beneath the blind sky's atrocious silence.

XXXVII

The new prisoners had to climb
over the heads of the dead.

They were already naked.
They had to go up to where the soldiers
who'd fired just a while ago instructed them.

A slender girl with black hair
stated she was twenty-three years old.
A white-haired old lady
cradled in her arms a child she sweetly
sang to. And a man
took his son by the hand
and, caressing his head,
pointed to the sky.

All of them had to stop exactly
at the assigned spot beside the grave.

Les dispararon. Algunos se movían aún,
levantaban los brazos,
agitaban las cabezas.

¿Y cómo perdonar
en nombre de los muertos?

XXXVIII

Figuren. Stücke.

No son personas.

Con ellos no hay, pues, muerte.
No hay ningún
porqué.

Aquí ni para un vaso de agua
hay un porqué.
Todo puede negarse.

No llega el humo a ahogar los cielos.
¿Luce con tizne acaso el sol?

XXXIX

«Los aeroplanos empezaron
a aparecer con la salida
del sol.

Demasiado queridos me son los animales
para que a ellos sean comparados
los seres que hoy sojuzgan Europa.

They shot them. Some were still stirring,
lifting their arms,
shaking their heads.

And how do you pardon
in the name of the dead?

XXXVIII

Figuren. Stücke.

They're not people.

With them, then, there is no death.
There's no
why.

Here, not even for a glass of water,
is there a why.
Everything can be denied.

The smoke doesn't manage to choke the skies.
Does the sun, perhaps, shine with soot?

XXXIX

'The airplanes began
to appear when the sun
came up.

'Animals are too much loved by me
for them to be compared
to the beings that today enslave Europe.

Este es un tiempo
de ocultación. El Rostro
de Dios está velado.

Ha apartado Su Rostro del mundo.

No hay nada más entero que un corazón desgarrado,
dijo una vez un gran rabí.

La pregunta
quema en mí como fuego:
¿qué más,
qué deberá ocurrir ahora,
qué otra cosa deberá suceder
para que vuelvas a mostrar
Tu Rostro al mundo?»

Una luz, en el gueto, se apagó.

XL

«El libro del hombre es el libro del mal»,
leíste. ¿Cómo asentir? ¿Cómo reconocer
en la sangre del hombre la semilla
de la desolación, de todo daño?

Recorre el lobo la planicie helada
y en su jadeo no hay conciencia. Dime,
sangre del ser, por qué en las venas
una cárcel se forma, no visible.

'This is a time
for hiding. The Face
of God is veiled.

'He has turned His Face away from the world.

'"There's nothing more whole than a torn heart,"
a great rabbi once said.

'The question
burns in me like fire:
what else,
what should happen now,
what other thing should take place
so you can show
Your Face to the world?'

A light in the ghetto went out.

XL

'The book of man is the book of evil,'
you read. How can I agree, recognizing
in the blood of man the seed
of desolation, of all harm?

The wolf runs over the frozen field
and, in his panting, there's no conscience. Tell me,
blood of being, why, in the veins,
does an invisible prison take shape.

Recorre el hombre la llanura, y cree
ser libre. Allí se encuentra con el lobo.
Sobre hielos hostiles,
en su fosca mirada se contempla.

XLI

El cielo de la noche no tenía
una respuesta. Y, sin embargo, estaba
siempre allí, recibiendo,
en compañía fiel,
una fija mirada silenciosa.
El solo movimiento de los ojos
hacia arriba, en lo oscuro, en el momento
en que cruzaban, lentamente, nubes
blanquecinas de abril, o en que la luna
lucía un halo inmenso alrededor
del poderoso círculo nocturno,
bastaba para mí, para una calma
activa, para un sordo aquietamiento
de lo que en mí luchaba
contra fuerzas visibles e invisibles,
y también contra el otro, contra
mí mismo, contra el otro que se alzaba
en mi piel, en la mente y en los ojos
del otro que vivimos y nos vive.

Y pensé en la alegría del lenguaje,
en la paz que deparan
las palabras que a veces pronunciamos
de gratitud, de reconocimiento
por la presencia viva o la conciencia
de respirar bajo la noche abierta,
noche branquial que a todos nos respira

Man goes over the plain, and thinks
he's free. There he meets up with the wolf.
On hostile hunks of ice
in his dark gaze, he beholds himself.

XLI

The night sky had
no answer. And yet it was
always there, receiving,
in faithful company,
a steady, silent gaze.
The sole movement of eyes
upward in the dark, at the moment
when, slowly, April's whitish
clouds crossed, or when the moon
shone a huge halo around
a powerful night circle,
was enough for me, for an active
calm, for a hushed quieting
of what struggled within me
against seen and unseen forces,
and also against the other,
myself, the other that rose up
in my skin, in the mind and eyes
of the other we live and who lives us.

And I thought about the joy of language,
the peace provided
by words we sometimes utter
with gratitude, recognition
for the living presence or the consciousness
of breathing beneath the open night,
a branchial night breathing us all

como nosotros a ella, noche
en la que somos entregada noche
y en la que ruedan astros y palabras.

XLII

¿Podía acaso presentirte, supe escuchar acaso
en la noche la voz que pronto fue tu voz,
llegar al rostro que después fue el tuyo
y al fin el solo rostro de todo lo visible?

Nada más vi: tan sólo tu llegada
llenó el espacio desasido. Y fuiste
el sol ondulatorio y la estrella arenosa,
la casa corporal, el rostro de los mundos.

XLIII

Sol en cenizas: cielos entreclaros
de primavera sobre la ciudad
vieron los pasos, vieron
el errar tuyo y mío
junto a los plátanos de abril, latieron
con nosotros las hojas
en la brisa vibrátil. El espacio
hormigueaba en la presencia.
Todo me hablaba, todo
ardía como yesca bajo el aire
de la presencia, todo
tenía tu figura. Y en el fuego,
amasado a la fuerza de la llama,
nada se consumía: era su ser
verdadero. Me dije

as we breathe it, a night
in which we are surrendered night,
in which stars and words turn.

XLII

Was I able to foresee your presence, to know, perhaps,
how to listen in the night to the voice soon yours,
to reach the face later yours
and, in the end, the only face of everything visible?

I saw nothing else: only your arrival
filled the freed space. And you were
the waving sun and the sandy star,
the bodily house, the face of different worlds.

XLIII

Sun in ashes: slightly clear
spring skies over the city
saw footsteps, saw
your ambling and mine
beside the April plane trees, leaves
beating with us
in the quivering breeze. Space
swarmed in your presence.
Everything spoke to me,
blazed like tinder beneath the air
of presence, everything
had your figure. And in the fire,
kneaded by the force of flame,
nothing was consumed: it was
its true essence. I said to myself

que la cadena del deseo enlaza
de nuevo lo visible a lo visible,
y lo invisible a lo invisible,
la transparencia al ver,
el cuerpo al ser, el cuerpo
al cuerpo. Y en la danza,
tras el rojo jarrón de capuchinas
amarillas que flotan
contra el azul de la pared del cielo,
los cuerpos se entrelazan
ante el ojo solar. Así nosotros
ardimos y danzamos
en la ciudad de abril
contra el muro del cielo ceniciento.

XLIV

Amurallado fuego en el beso glorioso,
fuego negro en el fuego renacido.

Ahora que ya sabemos cuánto amor,
cuándo sabremos, cuerpo, tu sentido.

Recuérdalo en sus sílabas: los misterios de amor
se forman en las almas, pero el cuerpo es su libro.

XLV

Como el entendimiento
al entrar en los cuerpos,
hecho reminiscencia
del todo, y aun sin reminiscencia,
como solo deseo, como latido puro

the chain of desire once
more links visible to visible,
invisible to invisible,
transparence to seeing,
body to being, body
to body. And in the dance,
behind the red jug's yellow
nasturtiums floating
against the sky wall's blue,
the bodies were interwoven
facing the sun's eye. So we
blazed and danced
in the April city
against the wall of ashen sky.

XLIV

Walled fire in the glorious kiss,
black fire in fire reborn.

Now that we already know how much love,
when we'll know, body, your meaning.

Remember it in its syllables: love's mysteries
in souls do grow, but yet the body is his book.

XLV

As understanding
when entering bodies
becomes reminiscence
of everything, and even without reminiscence,
as only desire, as pure heartbeat

en la cadena de los seres,
está alojada, dentro de nosotros,
igual que la simiente engendradora
dentro del fruto, y como centro y ojo,
en el cuerpo, la clara
simiente de belleza
unida a eternidad, a ella mirando
con lágrimas que ruedan por el rostro
de los mundos. Simiente
y centro y ojo,
dios y demon, su risa
se funde con su llanto,
pues en la tempestad
del deseo, en su fuerza (contempladla
en el relampagueo de la risa
de Filis y Beatriz, de Laura y Lesbia),
se escucha, al fondo, un viento de dolor
por la caducidad, por la conciencia
del fin, lo impermanente
contra nuestro designio
de eternidad y de inmortalidad.
Un llanto ahogado por el infinito
eco de la alegría, por la fuerza
furiosa del abrazo de los cuerpos,
pero al fin llanto audible.

No arrase el viento del dolor tu risa.
Hecho reminiscencia, sé latido puro
de eternidad.

XLVI

En el libro del cuerpo leí el alma.
Y comprendí que el cuerpo

in the chain of beings,
there is living within us,
just as the engendering seed
within the fruit, and as core and eye
in the body, the bright
seed of beauty
linked to eternity, gazing at it
with tears rolling down the face
of worlds. Seed
and core and eye,
god and demon, her laughter
is welded to her weeping,
for in the storm
of desire, in its power (behold it
in lightning flashes of laughter
from Filis and Beatrice, from Laura and Lesbia),
is heard, in the background, a wind of pain
from perishability, from the consciousness
of the end, the impermanent
against our design
for eternity and immortality.
A weeping drowned by the infinite
echo of joy, by the furious
force of two bodies' embrace,
but, in the end, an audible weeping.

Don't let the wind ravage your laughter.
Become reminiscence, be eternity's
pure heartbeat.

    XLVI

In the body's book, I read the soul.
And I understood that body,

compone, con el alma, un solo libro,
soberana unidad de un dios entero.

Fuego que abrasa lo que existe,
encarnación que vino desde el verbo.
Luz material de lo que existe,
y cuanto existe, ardido en fuego negro.

Dios de unidad en muslos enlazados,
alma ardida en deseo.
El deseo del ser en la unidad
y la unidad de Dios resuelta en fuego.

XLVII

Bajo el aire empozado,
la luz encadenada
y la hipócrita ley y el orden sordo,
tú y yo soñamos con alzar,
allá lejos,
junto al mar de las islas,
una casa en los médanos.
Sólo el mar extendido al mediodía,
la claridad entrando en muros blancos,
el abrazo del viento
y la maleza, en marzo, nos dirían
la verdad de los mundos. El imperio
del cardo ya reseco
y la estrella de mar
y la constelación, y en nuestros brazos
las espumas del tiempo
deshaciéndose lentas, renaciendo
cada día, lo mismo
que la luz en el cuerpo de la arena,

with soul, comprises a single book,
a whole god's sovereign unity.

Fire scorching what exists,
incarnation that came from the word.
Material light of the existing,
and all that exists blazing in black fire.

God of unity in interwoven thighs,
soul blazing in desire.
The desire of being in the unity
and God's unity resolved in fire.

XLVII

Beneath the stagnant air,
the shackled light,
the hypocritical law and the deaf order,
you and I dreamed of raising
there, far away,
beside the sea of islands,
a house in the dunes.
Only the sea spread out at noon,
the brightness entering in white walls,
the wind's embrace
and weeds in March would tell us
the truth of worlds. The thistle's
empire now parched
and the starfish
and the constellation, and in our arms
time's spumes
slowly breaking up, reborn
each day just as
the light on the sand's body,

en los montones de algas anudadas,
¿no dibujaban ya, en el centro del sueño,
nuestro destino?
Atrás debía quedar el desolado
mundo de negaciones,
sumergido en su propia podredumbre
de fétidos preceptos, de vanidad y caos.
De sus restos hundidos
nada sabríamos,
los solos, mudos restos
del naufragio de un mundo,
los restos que jamás
llegarían hasta allí,
a nuestra orilla luminosa.

Mirémonos, ahora,
andar sobre los médanos
del tiempo.

XLVIII

Aprendí por entonces que en el gesto
del pintor se contiene el movimiento
del planeta, y la brizna en la montaña.
En su muñeca vi gemir el árbol
doblado por el viento, y la mañana
del amor y los frutos de la noche
y la noche y el viento y el amor.
En aquellas pinturas se leían
las indóciles huellas sobre el muro
desconchado, la tiza y el anónimo
quejido, el firmamento y la adhesión,
los cordeles, el grito, el alfabeto
cotidiano, la silla y el ropero,

in the piles of knotted seaweed,
weren't they sketching, then, our fate
at the core of dreams?
Behind, the desolate world
of negations would remain,
submerged in its own misery
of stinking precepts, of vanity and chaos.
Of its sunken remains,
we'd know nothing,
the lone, mute debris
of a world's shipwreck,
remains that would
never reach here
on our luminous shore.

Look at us now,
walking over the sand dunes
of time.

XLVIII

I learned, then, that in the painter's
gesture the planet's movement
is contained, and the mountain breeze.
In his wrist I saw the tree groan,
bent over by the wind, and the morning
of love and the fruits of night
and the night, the wind and love.
In those paintings could be read
unruly traces on the flaking
wall, the chalk and the anonymous
complaint, the firmament and the agreement,
the cords, the cry, the daily
alphabet, the chair and wardrobe,

la destructora X que se adueña
del espacio y del ser, la destrucción
que es construcción, el rojo y el violín
en la puerta metálica, la nada
y el éxtasis: la tela del encuentro.

XLIX

Sé el árbol, sé la casa,
sé el huésped que la habita,
disponte a la ceguera para ver,
niega tus manos para ser el tacto.

Oh nube ilimitada
del no saber, suspensa
sobre la mutación, sobre los mares,
habite el ser tu ser, pueble tu nada.

L

Me pregunté por el que aparecía
tras mis ojos, por el que se inclinaba
en la mesa de estudio, en la lectura,
por el que caminó
y volvió a caminar
sobre los arenales extendidos
bajo el sol de la infancia que se alzaba
en su cielo sin fin, me pregunté
por aquel que en mis manos recibía
el tacto de la sal y la ceniza,
el incendiado cuerpo del amor,
y la sangre, y los libros,
me pregunté por el que

the destructive X taking over
space and being, the destruction
that's construction, the red and the violin
on the metal door, nothingness
and ecstasy: the canvas of the encounter.

XLIX

Be the tree, be the house,
be the guest inhabiting it,
be ready to see through blindness,
deny your hands to become touch.

O limitless cloud
of unknowing, hanging
over change and seas,
let being live your being, people your nothingness.

L

I asked myself about someone who appeared
behind my eyes, who leaned
over the desk in the study, reading,
who trudged
and trudged again
over sandbanks spread out
beneath the sun of childhood rising
in its endless sky, asked myself
about that boy who, in my hands, received
the touch of salt and ash,
the burning body of love,
the blood and books,
I asked myself about someone

contemplaba otro mar,
o acaso el mismo mar,
el que un día aprendimos
y amamos y fue nuestro
en la alegría matinal
de los mundos. Y, luego, pregunté
quién era aquel que hacía
esa misma pregunta,
y quién hablaba en mí, quién preguntaba
por quién, quién eres, quién responde en ti
a la pregunta de quién eres, quién
habitaba y habita
y quizá va a habitar
en ti, quién con tus manos y tus ojos
podrá decir quién es.

Me vi multiplicado,
no en los claros reflejos del traslúcido
icosaedro de cristal de roca,
sino en el estallido
del espejo que, roto, reflejaba,
dispersos, los fragmentos
de un yo que formulaba una pregunta
y conoció tan sólo su vacío.

LI

La noche me envolvió de nuevo. Absorto
en el remoto borbollar de estrellas,
escuché hablar a Alceta y a Meliso
de luna y centelleos, del candente
carbón que entra en las aguas, y de nieblas
fosforescentes en la paz del prado.
Y supe que esas sílabas buscaban

who contemplated another sea,
or maybe the same one,
the one we one day learned
and loved and it was ours
in the morning joy
of worlds. And later I asked
who was that youth who posed
that same question,
who spoke in me, who asked
about who, who you are, who answers in you
to the question of who you are, who
lived and lives
and maybe is going to live
in you, who, with your hands and eyes,
will be able to say who he is.

I saw myself multiplied,
not in the rock-crystal, translucent
icosahedron's bright reflections,
but in the mirror's
bursting that, broken and scattered,
reflected fragments
of an I that posed a question
and knew only its void.

   LI

Night once more engulfed me. Absorbed
in the stars' distant seething,
I listened to Alcetas and Melissus
speak of the moon and sparkling, of white-hot
coal plunging into waters, of phosphorescent
mists in the peace of the pasture.
And I knew those syllables were searching

el silabario sideral, querían
estrecharlo en lo oscuro. ¡Claros astros
y palabras fundidos en abrazo!

LII

El aire entero se tornaba gris.

En aquella mañana de noviembre
tú volviste muy pronto
de la Universidad, y me dijiste:
Todo estaba cerrado, una bandera
a la mitad del asta
fue signo suficiente.

Bastó un signo.
Y el signo y la esperanza fueron uno,
al cabo, en una patria polvorienta.

Entraban en la sombra el hosco tiempo
que empezó con ricino, y las maletas
de cartón piedra, y los antidisturbios
y las supervivencias
y el hedor y la muerte bajo palio.

Y sólo lo sabíamos
de una manera oscura:
que un tiempo entonces terminaba allí
y otro tiempo se abría.

for the starry syllabary, longing
to hug it in the dark. Bright heavenly bodies
and words melting in an embrace!

    LII

All the air turned grey.

On that November morning
you came back very early
from the University, and told me:
Everything was closed, a flag
at half mast
was sign enough.

A final sign.
And sign and hope were one,
in the end, in a dust-covered country.

Into the shadow entered grim time
that began with ricin, and papier mâché
suitcases, and anti-riot police
and survivals
and stench and death with great pomp.

And we only knew about it
in a dark way:
that one time ended there
and another was unfolding.

LIII

Dolor del exiliado, dolor del perseguido.

Lo que allí terminaba, lo que allí comenzaba,
el signo y la esperanza, tuyos eran.

Dolor de una patria usurpada
hecha de mutaciones y de muerte.

Cómo reconstruir tu laberinto,
desandar el camino: tus huellas se borraron.

No volverás. Ningún regreso puede
devolverte el amor, el alba, el llanto.

Hecha de escalofríos, sobre las mutaciones,
tu tierra existe sólo en tu memoria.

Dolor del mundo, sólo tú permaneces.
Toda la tierra es tuya.

LIV

Una vez, en Sevilla —la mañana
de abril quemaba bostas y naranjos—,
caminaba deprisa por el centro
de la ciudad. En un escaparate
conmigo mismo me encontré de pronto:
vi asomarse mi rostro y mi figura
reflejados al fondo de un espejo.
Era el otro, que andaba al mismo tiempo
que yo la misma calle, y allí mismo
nos encontramos y reconocimos.

LIII

Sorrow of the exile, sorrow of the pursued man.

What ended there, what there began,
the sign and the hope, were yours.

Sorrow of a country usurped,
made of mutations and death.

How can you reconstruct your labyrinth,
retrace your path: your footsteps were erased.

You'll never go back. No return can
give back to you love, dawn, tears.

Made of shudders, built on changes,
your land exists only in your memory.

Sorrow of the world, only you remain.
All earth is yours.

LIV

Once, in Seville—the April morning
scorched horse turds and orange trees—
I was walking quickly through the city
centre. In a store window
I suddenly found me with myself:
saw my face and figure appear,
reflected in a mirror's depths.
It was the other, walking at the same time
I was down the same street, and right there
we found and recognized each other.

Adiós. Los adoquines recibieron
otra sombra fugaz que palpitaba.
Y no cambió la luz. Y seguí andando.
Y siguieron ardiendo los naranjos.

LV

Llegó un día una multi-
facetada palabra: en cada faz
una sílaba aurífera
como suspensa en un
ofuscador celaje de oroluz,
pedrería estelar,
ajedrez diamantino
de palabras pensantes
cayendo vivas en
la celdilla del ojo
pineal, un galáctico
ritmo de astros verbales
con un son-
oro sol interior que alumbra el mundo.
Un poeta
pensador lo llevaba entre sus manos.

Un rojo sol, un son
que traduce la luz
hasta la lengua viva.
El rojo sol que traducía:
*Parece que te tiñe
una palabra roja*, como
dijo (tradujo) su
seguro (humildemente) servidor
Scardanelli.

Good-bye. The cobblestones received
another fleeting shadow's throbbing.
And the light didn't change. I kept walking.
And the orange trees kept on blazing.

LV

One day a multi-
faceted word arrived: in each face
a golden syllable
as though suspended in a
dazzling cloudscape of gold light,
starry gems,
a diamond chess set
of pensive words
falling alive in
the pineal eye's tiny
cell, a galactic
rhythm of verbal stars
with a gold-
sounding inner sun lighting the world.
A poet
thinker carried it in his hands.

A red sun, a sound
translating light
into living language.
The red sun that translated:
It seems you're stained
by a red word, as
was said (translated) by your
(humbly) sure servant
Scardanelli.

Una tarde, el poeta
pensador nos condujo hasta una ermita
y una fiesta en el cielo
de la pintura. Ovales
espejos altos, cielos
abajo reflejados
para la educación
de los cinco sentidos.
¡Mira a las ángelas
inmóviles danzar
en su cielo de nubes marfileñas,
las majas alongadas a la cúpula
celeste y balconada
para ver la pradera
de Isidro labrador! ¡En San Antonio
de La Florida flotan
piedras y nubes, ángeles y gentes!

Y en aquel cielo oval vi reflejado
un ajedrez de estrellas.

LVI

El estudio, las horas de la mesa,
la lámpara encendida, fragmentos de la noche,
la ventana por la que se adentraba
el aire oscuro, allí, mientras la estrella
latía en la espesura de los signos, la negra
letra que se incendiaba ante mis ojos,
las palabras que amé
en la paz de la casa, en el silencio
nocturno, en que el lector se desdoblaba
y era a su vez leído por el libro
sobre el que se inclinaba: en esas formas

One afternoon, the poet
thinker led us to a hermitage
and a party in the sky
of painting. High
oval mirrors, skies
below reflected
for the education
of the five senses.
Look at the angel girls,
unmoving, dance
in their sky of marble clouds,
the belles stretching to the celestial
and balconied dome
to see the meadow
of plowman Isidro! In San Antonio
de La Florida float
stones and clouds, angels and people!

In that oval sky I saw reflected
a chess set of stars.

LVI

The study, the hours at the desk,
the lamp lit, fragments of night,
the window through which dark air
blew in, there, while the star
throbbed in the thickness of signs, the black
letter that lit up before my eyes,
the words I loved
in the peace of home, in the night
silence, in which the reader became two
and was, in his turn, read by the book
over which he leaned: in those shapes

una verdad buscaba, se diría,
perpetuarse, o al menos una parte de verdad,
y ella me hizo, en la lectura, bajo
la lámpara encendida, unió los signos,
una suerte de vaso, haz de barro nocturno.

LVII

El crepúsculo cae sobre calles en obras,
vallas, taladradoras, arena amontonada,
suenan los cascos en los adoquines,
cocheros y caballos cabecean, el cielo
se cierra lentamente como una gran alcoba.
Sí, me digo, y el siglo sobre Kärntner Strasse.

Desde un gran ventanal, en la luz última,
los tejados retienen un color que no es suyo,
un granate forjado en amasados oros
de nubes de verano, atravesadas
por un sol todavía con largo poderío,
capaz de proyectar al cuarto oscurecido
un resplandor final que el aire tiñe
con el mismo color de la brasa carbónica.

Poco a poco, lo oscuro se apodera del cielo,
el ventanal refleja un manto negro
que se quiebra en el brillo del relámpago,
y la tormenta se desata, el aire
se enrarece, la lluvia golpea los tejados,
los parques, las estatuas. Se retiran
con premura las últimas calesas.

Es un día del tiempo. Y, sin embargo,
es único este aire, la ciudad,

he was looking for a truth, one could say,
to perpetuate himself, or at least a part of truth,
and it transformed me, reading
beneath the lit lamp, linked the signs,
a kind of glass, a bundle of nocturnal clays.

LVII

Twilight falls on streets under construction,
fences, pneumatic drills, sand piled up,
hooves ring out on the cobblestones,
coachmen and horses nod their heads, the sky
slowly closes up like a vast bedroom.
Yes, I say, and the century on Kärntner Strasse.

From a big picture window, in the last light,
the roofs keep a colour not their own,
a garnet forged in kneaded golds
of summer clouds, crossed
by a sun still with a lengthy power,
able to project into the darkened room
a final radiance the air tinged
with the same colour as an ember of coal.

Little by little, the dark overwhelms the sky,
the picture window reflects a black cloak
breaking up in the brilliance of lightning,
and the storm is unleashed, the air
grows thin, rain pounds the roofs,
the parks, the statues. The last calashes
hurriedly wheel away.

It's a day in time. And yet,
this air is unique, the city

alumbrada por bruscos resplandores,
penetra en esta hora, ante mis ojos, como
en lo eterno. Recógete, me dije,
pues en este crepúsculo arde el tiempo,
se ha contraído en este cielo negro,
y cuanto ves es obra de una ciega tormenta.

LVIII

En un breve paseo, pocas horas después,
escuché, de repente,
un canto de muchachos y muchachas, un *lied*
de póstuma belleza, entregado a la noche.

Aquella tarde, aquella ciudad fueron
duración y verdad de todo instante.
En la tormenta vi, fija, la nube
del no saber sobre su eterna tarde.

LIX

Luego viniste tú, trémula criatura,
desde un fondo de cuerpos deseantes,
desde cielos unidos a la tierra
con nubes presurosas traspasando los montes.

Naciste. Y en el viento de marzo en remolinos
cayendo sobre casas y arboledas,
erizando las aguas sobre la bajamar,
reconocí, de pronto, un nuevo nacimiento.

Y eras tú. Y en tu llegada estaba
la semilla de todo renacer,

lit up by sudden radiances,
penetrates at this hour before my eyes
as in the eternal. 'Take shelter,' I told myself,
'for in this twilight, time is blazing,
it has shrunk in this black sky,
all you see's the work of a blind storm.'

LVIII

On a brief stroll, some hours later,
all of a sudden, I heard
a song of boys and girls, a *lied*
of posthumous beauty, offered to the night.

That afternoon and that city were
every instant's duration and truth.
In the storm I saw, unwavering, the cloud
of unknowing poised over its eternal afternoon.

LIX

Then you arrived, quivering creature,
from a depth of desiring bodies,
from skies linked to earth
with hasty clouds hurrying across mountains.

You were born. And in whirlwinds of March
falling on houses and woodlands,
bristling waters on low tide,
I suddenly recognized a new birth.

And it was you. In your arrival was
the seed of every rebirth,

la rueda del crepúsculo y el alba
en su giro, en su círculo perpetuo.

Me alumbró tu llegada: volví a nacer contigo.
Tomé tu mano. Toqué en ella el mundo.
Era el nudo carmíneo que enlazaba
un nacimiento a todo nacimiento.

LX

En el cielo estrellado vi de nuevo
las lejanas centellas, el dibujo
que se teje en la página nocturna.
Me pareció, en aquella red oscura,
ver una diminuta luminaria,
un parpadeo apenas perceptible,
un reflejo, tal vez, de otro reflejo,
y en su secreta, sorda intermitencia,
la arcana duración, la eternidad,
sacra letra, la estrella de la estrella.

LXI

Avancé, una mañana de verano,
por los inmemoriales huecos húmedos
de una cueva. Con pasos
de tensión y temor
penetré en el enigma de las formas
que desafiaban la hosca oscuridad
y los cercos del tiempo. Las figuras,
en la quietud perpetua, se movían,
gritaban en silencio, era posible
escuchar ese grito parietal,

the wheel of dawn and dusk
in its turning, perpetual circle.

Your arrival brought me light. I was reborn with you.
I took your hand and, in it, touched the world.
The crimson knot that linked
one birth to all others.

LX

In the star-studded sky I saw again
the distant flashes, the sketch
woven into the nocturnal page.
It seemed to me, in that dark net,
I saw a tiny ritual lamp,
a barely perceptible blinking,
a reflection, perhaps, of another reflection,
and in its secret, silent intermittence,
was the secret duration, eternity,
a sacred letter, the star's star.

LXI

I moved forward, one summer morning,
through a cave's immemorial
humid hollows. With tense
and timorous footsteps,
I delved into the enigma of forms
that challenged the grim darkness
and the sieges of time. The figures
in perpetual stillness stirred,
cried out in silence, and it was possible
to hear that walled cry,

como si el movimiento y el fragor
se hubiesen adentrado por la piedra
en una extraña posesión, poblada
de agitación y estruendo, y en lo eterno
se oyese y viese todo movimiento,
todo grito en los círculos terrestres.

La pared entre dos oscuridades,
las antorchas, el humo que formaba
en el techo una mano,
una bóveda oscura sostenida
por el nudo de sangre,
la oscuridad nocturna
tocada por la mano, por ella conducida
como la antorcha por el rudo puño
en lo oscuro, la brusca aparición
de un bisonte, una cierva de ojos dulces,
caballos, jabalíes superpuestos
en la piedra abombada como un vientre materno:
todo es latido allí, todo mirar
ocurre en el origen, todo
movimiento ha nacido en aquel movimiento,
todo grito ha brotado y brotará
de aquel espacio originario, todo
es una oscuridad engendradora
y un palpitar de piedra que jadea.

LXII

Había llovido.

Un pájaro cantó en las cercanías.
¿Dónde? ¿Dónde el sentido, dónde el ala

as if the movement and din
had dug deep into the stone
in a strange possession, replete
with agitation and uproar, and in the eternal,
every movement could be heard and seen,
every cry in terrestrial circles.

The wall between two darknesses,
the torches, the smoke that shaped
a hand on the ceiling,
a dark vault upheld
by a knot of blood,
the night's darkness
touched by the hand, led by it
like the torch by the crude fist
in the dark, the brusque appearance
of a bison, a doe with dulcet eyes,
horses, boars superimposed
on the stone bulging like a mother's womb:
everything there is a throbbing, every look
happens at the source, all
movement's been born in that movement,
every shout has sprung and will spring
from that primal space, everything's
an engendering darkness
and a pulsing of panting stone.

LXII

It had rained.

A bird sang in the outskirts.
Where? Where's the meaning, where the wing

y el canto? ¿Cómo pudo, en lo invisible,
penetrar lo visible? ¿Dónde el pájaro?

Dolor del mundo, sólo se escuchaba
tu murmullo incesante. Lluvia oscura
sobre la tierra, y tras la lluvia un canto
ahogado junto al borde del tormento.

Miré un charco, y no supe.

LXIII

Reverberaba el mediodía a pico.

Las cigarras tejían una urdimbre
resonante en el seno de la luz.
Bajo el ojo del sol yacía la tierra
en la inminencia de una llama súbita.
Dos o tres pasos, sólo,
y parecía deshacerse
de pronto lo visible
en el hervor del sol,
la ciega claridad. Y lentamente,
junto a las grandes piedras,
se diría, las sombras se fundieron
con la tierra y las piedras
en monumentos circulares, piedras
que remedan el cerco
calcinante del sol. Fuimos entrando
en el recinto de poder y muerte,
eran los talayots, y caminábamos
por el borde impreciso
de piedra y encinar,
las salas derrumbadas

and the song? How could the visible
penetrate the invisible? Where's the bird?

Sorrow of the world, only your unceasing
murmur could be heard. Dark rain
over earth, and behind the rain a song
drowned beside the brink of anguish.

I looked at a puddle, and I knew nothing.

LXIII

Midday echoed sharply.

The cicadas wove a resounding
plot in the light's bosom.
Beneath the sun's eye lay earth
in the imminence of a sudden flame.
Two or three steps only
and the visible seemed
to melt hurriedly
in the sun's seething,
the blind brightness. And slowly,
beside the huge stones,
one could say the shadows merged
with earth and stones
in circular monuments, stones
that imitate the scorching
siege of sun. We gradually entered
the place of power and death,
there were talayots, and we trekked
along the vague border
of stone and live oak grove,
the crumbled halls

de Ses Païsses, un espacio
de posesión y de desposesión,
de sombras arrasadas
tras el pórtico alzado
por manos que creyeron
convertirse en memoria,
memoria de la piedra, posesión, andábamos
por los cercos sin sombra
de imposible memoria, de otra muerte incesante,
de torres derrotadas.

De piedras, también ellas, destruidas.

LXIV

Nube mía interior, nube del no saber,
impalpable contorno de mis pasos sin rumbo:
tomas de lo invisible tu verdad, tu figura,
y cruzas lo visible, la variedad del mundo.

Contigo avanzo en el celaje ciego,
te sigo por la tierra, por los caminos últimos.
Me acogerá tu sombra extensa un día.
A la orilla del tiempo me arrojarás desnudo.

LXV

Un largo viaje, el húmedo calor
que nos recibe igual que un oleaje
sobre el rostro, las casas
como en una secreta vibración
bajo el sol que se astilla, y aguas claras
y ramas cinceladas por la luz:

of Ses Païsses, a space
of possession and dispossession,
of shadows demolished
behind the portico raised
by hands that believed
they would turn into memory,
memory of stone, possession, we walked
past shadowless fences
of impossible memory, another unceasing death
and defeated towers.

They, too, were made of destroyed stones.

LXIV

Inner cloud of mine, cloud of unknowing,
intangible contour of my aimless steps:
from the invisible you take your truth and figure,
and cross the visible, the world's variety.

I advance with you in blind cloud streaks,
I follow you on earth, along the last roads.
One day your long shadow will welcome me.
You'll hurl me naked on the shore of time.

LXV

A long trip, the humid heat
receiving us like a burst of surf
in our faces, the houses
as in a secret vibration
beneath the shattering sun, and clear waters
and branches chiselled by the light:

¿no regresábamos, acaso,
a nuestras propias islas,
a la misma extensión que conocieron
nuestros antepasados, a la tierra
de promisión que hoy, ya sin dolor,
y sin dejar atrás la tierra propia,
nos reflejaba como en un espejo?

Nos adentramos en la luz caliente
para escuchar el canto del coquí
en los grandes ramajes enjoyados.
Era una tierra familiar, los ojos
reconocían, y era como ver
de nuevo lo que habíamos
alguna vez soñado. Y más aún:
nosotros éramos reconocidos
por la luz ondulante
en la que el loro dios se balancea,
en la casa solar, bajo la roja
flor de los tulipanes africanos.
Éramos una parte
de lo que contemplábamos:
de las casas, los árboles, la iglesia
colonial y los hombres que jugaban
al dominó bajo la ceiba, mudos.

Aquella luz nos abrazó.
Y era nuestra, y en ella
permanecemos.

LXVI

Tres campesinos marchan
junto a un mulo, dos hombres,

were we not returning, perhaps,
to our own islands,
to the same expanse our
ancestors knew, to the land
of promise that today, now painlessly,
without leaving behind our own land,
reflected us as in a mirror?

We went into the warm light
to listen to the *coquí* frog's song
in the big jewelled branches.
It was a familiar land the eyes
recognized, and it was like seeing
once more what we had
once dreamed. And still more:
we were recognized
by the undulating light
in which the parrot god rocks,
in the solar house, beneath
the African tulips' red flower.
We were part
of what we pondered:
of the houses, the trees, the colonial
church and the men who mutely
played dominoes under the silk-cotton tree.

That light embraced us.
And was ours. And, in it,
we remain.

LXVI

Three country fellows walk along
beside a mule, two dark

oscuros, se aproximan, uno de ellos
va armado, la nevada, duradera,
en la desolación,
ha cubierto los campos,
no cesa la ventisca, y en el cielo
la blancura duplica las colinas.
Algo está a punto de ocurrir, el aire
está empozado, es parte del desorden
del mundo, en su latido de inminencia.

Escucho esos latidos.
Son los ritmos
de violencia y de muerte
sobre la tierra, bajo los cielos blancos,
en la rueda sin fin, en el dolor. Miradlos
bajo el barniz de las figuras.

Y puedo, en la verdad de los pigmentos,
entrar en el espejo de la muerte.

En el ojo del mal giran la nieve,
la muerte, el mal, el cielo, las colinas.

LXVII

Vi en aquellas figuras turbulentas
no la amenaza: la verdad del mal,
todos los nombres del horror, la guerra,
el odio y su raíz sulfúrea.
Sin comprenderlo, sin reconocerlo
en su cerrado embozo, el mal nos cerca
y nos habita. Y en su remolino
ha arrastrado con furia la esperanza del mundo.

men approach, one of them
armed, the snowfall, lasting
in the desolation,
has covered the fields,
the blizzard doesn't cease, and in the sky
the whiteness duplicates the hills.
Something's about to happen, the air
is stagnant, part of the worldly
disorder in its heartbeat of imminence.

I listen to those heartbeats.
They are the rhythms
of violence and death
on earth beneath white skies,
in the endless wheel, in the grief. Look at them
beneath the varnish of their figures.

In the pigment's truth, I can
enter the mirror of death.

In the eye of evil, swirl snow,
death, evil, sky and hills.

LXVII

In those turbulent figures, I saw,
not the threat, but the truth of evil,
all the names of horror, war,
hate and its sulphurous root.
Without understanding or recognizing it
in its covering muffler, evil draws near
and inhabits us. And in its whirlwind,
it has furiously swept away the world's hope.

LXVIII

Venía desde lejos aquel aire,
un aire que tomaba su color,
si un color no visible lo tintaba,
del tiempo originario, de los limos
con los que aquellos muros fueron hechos,
del color del adobe, paja y barro
que un demorado sol acariciaba.
Había yo pensado mucho en muros,
los muros que acostumbro a confundir
(o fundir, si se quiere) con el tiempo,
no por su permanencia, o por su ruina,
sino por una pura asociación
que no puedo explicar. Y, sin embargo,
aquellos grandes muros no cerraban:
abrían el espacio de la tierra
en aquel interior, y lo acercaban
a la anchura del aire, en verdad, abrazándolo.

Los patios interiores,
patios que abrían a otros patios,
patios que abrían a los cielos,
a la dilatación de los celajes
y a la tierra extendida, ¿era, todo, un espacio
inabarcable, una extensión del cielo
que se abría a la tierra?
El convento salía de su antiguo presente,
atravesaba toda sucesión.
Y los lugares todos convergieron
en un lugar, en Puebla de los Ángeles.
Y puso nombre a la transformación
del pasado en el tiempo presente,
al espacio interior, la mutación del cielo

LXVIII

That breeze came from far off,
a breeze that took its colour,
as if an invisible colour stained it,
from originating time, from the muds
those walls were made with,
from the colour of adobe, straw and clay
caressed by a dawdling sun.
I had thought a lot about walls,
walls I am used to confusing
(or fusing, if you like) with time,
not for their permanence or ruin,
but for a pure association
I can't explain. And yet,
those great walls did not enclose:
they opened up earth's space
in that interior, and drew it close
to the width of air, really hugging it.

The inner courtyards,
patios that opened onto other patios,
patios that opened to the skies,
to the expansion of low clouds
and sprawling earth, was it all unreachable
space, an expanse of sky
that opened up to earth?
The convent came out of its old present,
crossed every succession.
And all places converged
on one place, on Puebla de los Ángeles.
And it gave a name to the transformation
of past into present time,
to inner space, the changing of sky

en la paz de la tarde, en una tierra
que ya nunca podría pisar como extranjera.

Lugar ilimitado.
Lugar en lo celeste y, sin embargo,
terrestre hasta el confín de la ilimitación,
lugar plenario de lo abierto.

He sabido hace poco
que una sorda catástrofe ha abatido esos muros.
Ningún estrago de la tierra
podrá arrasar la paz de ese lugar,
de ese espacio sin fin, de esa morada.

LXIX

Bajo el manto de estrellas, acezante,
mido, en la oscuridad del cielo herido,
igual que, en julio, el paso del pastor,
la tormenta, el vellón de acumuladas nubes.

Y me es dada una forma de entender el errar,
con la estrella que cae, en el calor.
En el ligero peso desgarrado que huye,
la herida constelada, luminosa, mortal.

LXX

Fuimos, en breves horas,
de nuevo, peregrinos extraviados
en las piedras y el aire
húmedo de diciembre
en la vieja ciudad. Habíamos vuelto

into afternoon peace, into a land
that now I never would walk on as foreign.

A place without limits.
A place in the celestial, yet
terrestrial to the frontier of the unlimited,
a plenary place of openness.

A short while ago I learned
a silent catastrophe knocked down those walls.
No havoc on earth
will be able to demolish the peace of that place,
of that unending space, that abode.

LXIX

Beneath the mantle of stars, panting,
in the grey of lacerated sky, I measure,
just as the shepherd's passing in July,
the storm, the fleece of gathered clouds.

And given to me's a way of understanding wandering
with the star that falls in the heat.
In the torn light weight, escaping,
the starry wound, luminous and mortal.

LXX

For brief hours, we were
pilgrims astray again
in the stones and damp
December air
in the old city. We had returned

a las calles en las que, muchos años atrás,
también nos extraviamos y encontramos
en la piedra y los signos
respirantes: el río,
los arcos azotados por la lluvia,
las aguas en la oscura duración
del ser del agua, no las aguas mismas,
las aguas confluyentes del reencuentro.
En las salas vetustas, casi a oscuras,
hallamos una imagen, no en un sordo jadeo,
el abrigo visible, tangible, de una imagen,
una mujer que descansaba
junto a un reloj, a solas, parecía
acariciarlo, unida, fundida a su presencia,
una *Donna* pintada en su interior doméstico,
un ámbito sellado, de pacíficas brasas,
secretas, inmortales, en la sala en penumbra.
Sonaba, afuera, el ruido del granizo.
Y nos reconocimos en aquel interior.

Volvimos al hotel,
a media tarde.
Aún no estaba encendido el alumbrado.
En la *piazza*, con familiar destreza, un grupo
de hombres y de mujeres desplegó
un pequeño mercado, con farolillos súbitos
de gas sobre los prietos mostradores.
Y de allí salió un corro
que bailaba al sonido de una sencilla música.
En el balcón, envuelto por el frío,
yo miraba aquel corro
bajo el rumor de las constelaciones,
las manos enlazadas, los pies en una hipnosis,
un baile hasta los pliegues incógnitos del tiempo.

to the streets where, many years before,
we also got lost and found ourselves
amidst stone and breathing
signs: the river,
the arches lashed by the rain,
the waters in the dark duration
of water's being, not the waters themselves,
but the converging waters of reunion.
In old rooms, almost in darkness,
we found an image, not in a silent panting,
but in an image's tangible, visible shelter,
a woman who was resting
beside a clock, all alone, she seemed
to caress it, united, merging with her presence,
a *Donna* painted in her domestic interior,
a sealed atmosphere of peaceful embers,
secret and immortal in the room in shadow.
Outside, the noise of hail was beating.
And we recognized ourselves in that interior.

We returned to the hotel
in mid-afternoon.
The lights were still not on.
In the piazza, with familiar skill, a group
of men and women set up
a small market, with sudden little gas
lamps over compact counters.
And, from there, a chorus came out
to dance to the sound of simple music.
On the balcony, wrapped in the cold,
I gazed on that chorus
beneath the whisper of constellations,
their hands held, their feet hypnotised,
a dance towards time's unfamiliar folds.

LXXI

La piedra fue la piedra, el cielo
fue, en lo eterno, el sistema del azul.
El cuerpo del amor fue el fundamento
de la noche, el sentido de la luz
y su destino cierto, fue el sentido
de la piedra, del cielo, de la noche
y del azul. Certeza del desnudo
cuerpo del mundo. Y no quedó sabor
de residuo en mi boca, o de ceniza.

LXXII

Una luz que se apaga. Es una tarde
de los humanos días en el tiempo.

Una pintura va a nacer. Es obra
de la mano y la luz, y de lo eterno.

Tarda en nacer. Abejas incesantes
han preparado un transparente lecho.

Un muchacho recoge la resina
en una tarde que se hundió en el tiempo.

Las celdillas de cera, las colmenas,
el pájaro de Dios, urgido y leve.

Hilos, seda, acuarela, un manuscrito
en el lecho de luz opalescente.

Estallan los almendros. En la tarde
flotan las flores en el aire tenue.

LXXI

The stone was stone, the sky,
in the eternal, was the system of the blue.
The body of love was the foundation
of night, the meaning of light
and its certain fate, it was the meaning
of stone, sky, night
and blue. The certainty of the world's
naked body. And in my mouth no taste
of residue or ash remained.

LXXII

A light's going out. It's an afternoon
of human days in time.

A painting's about to be born: a work
of hand and light, of the eternal.

It takes time to be born. Incessant bees
have prepared a transparent bed.

A boy gathers resin
in an afternoon sunk into time.

Wax cells, beehives,
the bird of God, impelled and light.

Threads, silk, watercolour, a manuscript
in a bed of opalescent light.

Almond trees are bursting. In the afternoon
flowers float in thin air.

Bajo la cera ved el minucioso
manuscrito de Juan, que no se lee.

Nada sabe el pintor. Y lo que busca
es saber las imágenes del tiempo:

ver en la cera el insondable rostro
y contemplar la flor de la materia.

Carne de Dios bajo la luz lechosa
del óleo que se funde con la cera.

Carne bajo la mano que no sabe
y que palpa esa luz, y lo hace a ciegas.

El aire cruzará por los almendros.
Y pasará los fuertes y fronteras.

LXXIII

Hijo, ¿quieres venir conmigo al bosque?
Ya sabes, no es un bosque, es sólo una arboleda
de pinos polvorientos, junto a un hosco barranco,
pero nos ilusiona ese nombre de sueño.

Dame tu mano. No: toma la mía,
guíame, entre detritos y pinocha,
por las sombras del tiempo, ahora que veo
en sus cercos a un niño que es padre de quien soy.

Beneath the wax, behold John's minute
manuscript that can't be read.

The painter knows nothing. What he looks for
is to know the images of time:

to see in the wax the unfathomable face
and muse on the flower of matter.

Flesh of God beneath the oil's milky
light melting with the wax.

Flesh beneath the unknowing hand
feeling that light blindly.

The air will cross through the almond trees.
Will pass through forts and frontiers.

LXXIII

Son, will you come with me to the forest?
You already know it's not a forest, just a grove
of dusty pines next to a grim ravine,
but that dreamy name harbours our hopes.

Give me your hand. No: take mine,
lead me among residue and pine needles,
through time's shadows, now that, in its enclosures,
I see a boy who is father of who I am.

LXXIV

El arquero
no respiraba: él era el respirado.

En lo oscuro, la llama
de una vela alumbraba
el alejado blanco.

Cayó la flecha
como nieve agolpada
sobre la rama.

Y la segunda flecha astilló la primera
hasta dar en el centro.

Entonces vio
el relámpago negro de la nube que todo
lo comprende y abraza.

LXXV

El pétalo
que reflejaba el tenue rayo
de sol de la mañana
se desliza hasta el suelo.

La nube clara,
el sol,
el sol final
sobre el pétalo echado
en la mañana oscura.

LXXIV

The archer
didn't breathe: he was what is breathed.

In the dark, the flame
of a candle lit up
the remote target.

The arrow fell
like driven snow
on the branch.

And the second arrow splintered the first
till it hit the bull's-eye.

Then he saw
the black lightning bolt of the cloud
that links and embraces all.

LXXV

The petal
that reflected the morning
sun's faint ray
slips down to the ground.

The bright cloud,
the sun,
the final sun
on the petal loosed
in the dark morning.

LXXVI

Nube del no saber, espesa nube
o niebla, nos circundas, nos disuelves
en ti, nos anonadas, y nos fundes
a tu indiviso ser, y desaparecemos.

Blanda materia de tiniebla y nada,
acógenos. Que el cielo remontado
alce nuestra ceniza y que seamos
una nube cernida sobre el mar.

LXXVII

Sobre los picos,
paz.
(Leí.)

Las aguas se aquietaron
al alba
(leí
el mar).

Cruzan
nubes blancas,
leí
al fin.

El niño juega. Ruedan
los dados.

Tegueste,
15 de octubre de 2000—29 de junio de 2001

LXXVI

Cloud of unknowing, thick cloud
or mist, you surround, dissolve us
in you, annihilate and fuse us
to your indivisible being, and we disappear.

Soft matter of shadow and nothingness,
receive us. May the revamped sky
raise our ashes and let us be
a cloud hovering over the sea.

LXXVII

Above the peaks,
peace.
(I read.)

The waters grew calm
at dawn
(I read
the sea).

White clouds
cross,
I read
at last.

The boy plays. The dice
roll.

Tegueste,
October 15th, 2000—June 29th, 2001

Notes

I.   Cf. Heraclitus, 52.

III. Dante, *Vita nuova*.

VI. Heraclitus, 3.

X.   Cf. *The Cloud of Unknowing*, Chap. 69; Juan Ramón Jiménez, *Dios deseado y deseante* ('God Desired and Desiring').

XI. St. Augustine, *Confessions*, I, Chap. 19, and XI, Chap. 27.

XII. Antonio Machado, *Soledades*.

XV. Charles Fourier, *Le Nouveau monde amoureux*.

XVII. Cf. César Vallejo, *Trilce*, X and XXIII.

XXII. Octavio Paz, *Ladera este* ('East Slope').

XXV. Carles Riba, *Del joc i del foc* ('About Play and Fire'). Verses in Catalan: "and your youth / into my gaze / and my embrace."

XXVI. *The Iliad*, 6; Werner Jaeger, *Paideia: the Ideals of Classical Culture*, Book Three; Plato, *The Republic*, III.

XXVIII. Cf. Joan Brossa, *Poesia rasa* and *Sumari astral* ('Plain Poetry', and 'Astral Summary').

XXXII. Mark Rothko, *Brown and Grey* (1969), *Black on Grey* (1970).

XXXIV. Cf. Miguel de Molinos, *Guía espiritual* ('Spiritual Guide'), Chap. VIII.

XXXVI. Alain Resnais, *Nuit et brouillard* ('Night and Fog',1955). But I am aware of associating these with other documentary images.

XXXVII. United States Government Reports, *Trials of the Criminals Before the Nuremberg Military Tribunal*. Cf. Charles Reznikoff, *Holocaust* ('Massacres,' 4).

XXXIX. Cf. Zui Kolitz, *Jossel Rakovers Wendung zu Gott*. ('Iosl Rakover Talks to God').

XL. Cf. Edmond Jabès, *Un Étranger avec, sous le bras, un livre de petit format* ('A Foreigner Carrying in the Crook of his Arm a Tiny Book').

XLII. Cf. Marsilio Ficino, *De Amore. Commentarium in Convivium Platonis*, Disc. III, Chap. I.

XLIV. John Donne, 'The Ecstasy'.

XLV. Cf. Marsilio Ficino, *De Amore*, Disc. II, Chap. IV; Disc. VI, Chap. VI, etc.; Plato, *Phaedo* and *Phaedrus*.

XLVIII. Antoni Tàpies, *En forma d'X marró i gris* ('*Brown and Grey in the Shade of an X*') (1972) and other paintings; and *Porta metàl. lica i violí* ('Metal Door and Violin') (1956).

XLIX. *The Cloud of Unknowing*, Chap. 34.

L.   Cf. W. Rawson, *The Art of Tantra*. The triangular facets of the rock crystal icosahedrons condense the meaning of the Sri Yantra used in meditation (Tibet, around the 18th century).

LI.   Cf. Leopardi, *Canti*, XXXVII and XXII.

LV.   Hölderlin, version of Sophocles' *Antigone*. (Cf. Haroldo de Campos, 'A palavra vermelha de Hölderlin,' *A arte no horizonte do provável*) ('The Red Word of Hölderlin', in 'Art in the Horizon of the Probable'); Haroldo de Campos, *A educação dos cinco sentidos* ('The Education of the Five Senses').

LVII. Baudelaire, 'Le crépuscule du soir' ('The Evening Twlight').

LX.   Cf. Plotinus, *Enneads*, II, Treatise II, 2.

LXVI and LXVII. Cf. Henri-Charles Puech, *En quête de la Gnose. I. La Gnose et le temps, et autres essais* ('In Search of Gnosis, I. Gnosis and Time, and Other Essays') (1978), and Jacques Lacarrière, *The Gnostics*.

LXXI. George Santayana, *Dialogues in Limbo*.

LXXII. Saint John of the Cross, 'Canciones entre el alma y el esposo' ('Songs between the Soul and the Husband').

LXXIV. Cf. Eugen Herrigel, *Zen in the Art of Archery*.

LXXVII. Cf. Goethe, 'Wanderers Nachtlied' ('The Wanderer's Night Song') (1780); Heraclitus (see I).

Contents

Lightning Source UK Ltd.
Milton Keynes UK
UKOW03f0604290117
293093UK00003B/12/P